VAN HAVÉRE

LA
RÉNOVATION
RELIGIEUSE

Catéchisme Dualiste

PAR

ADOLPHE ALHAIZA

PARIS

SE TROUVE AU BUREAU DE *LA RÉNOVATION*

250, Faubourg Saint-Antoine, 250

—

1897

LA RÉNOVATION

RELIGIEUSE

OUVRAGES DU MÊME AUTEUR

LA
RÉNOVATION
RELIGIEUSE

Catéchisme Dualiste

PAR

ADOLPHE ALHAIZA

PARIS

SE TROUVE AU BUREAU DE *LA RÉNOVATION*

250, Faubourg Saint-Antoine, 250

—

1897

PRÉFACE

La vérité scientifique dualiste que je prouve dans les pages qui vont suivre et la foi spirituelle et divine que j'affirme ne sont pas précisément choses nouvelles dans le monde, mais ce qui est peut-être nouveau, c'est de les présenter appuyées l'une sur l'autre et, dernière et suprême synthèse, préparant une religion scientifique et mystique tout à la fois.

Voici donc formulé le dualisme des deux Principes éternels et universels, ainsi que le culte divin du seul Principe-Esprit et, sinon Aujourd'hui si absorbé par les seuls intérêts matériels, ce sera un avenir prochain qui viendra à la vérité cosmogonique et religieuse ici exposée, parce qu'elle est la VÉRITÉ.

RÉNOVATION RELIGIEUSE

CATÉCHISME DUALISTE

PREMIÈRE PARTIE

Qu'est-ce que le sentiment religieux ?

Chez tous les peuples connus s'est toujours manifesté, à un degré quelconque, un entraînement secret au delà et au-dessus des préoccupations de la vie présente, un confus pressentiment d'une autre existence supérieure. Même avant qu'apparaisse la plus rudimentaire notion d'une divinité, ce vague sentiment est déjà le sentiment religieux.

L'humanité, ainsi qu'il est d'évidence pour tout le monde aujourd'hui, et considérée dans son ensemble à travers les siècles, a suivi jusqu'ici une loi de développement et de progrès continus qui, dès ses premières origines animales, a transformé l'homme et a amené l'espèce à un perfectionnement physique et moral toujours grandissant dont les races et les peuples les plus en avance à chaque époque représentent les sommets se suivant et se dépassant successivement les uns les autres.

Il y a donc eu de nombreux degrés dans cet avancement, moral surtout, de l'espèce humaine. Et, sans même recourir à l'histoire du passé, le simple examen du présent montre, encore existants sur divers points du globe, presque tous les échelons successifs de cette hiérarchie de races et d'états sociaux, tantôt avançant, tantôt rétrogradant, où l'on voit le sentiment religieux marcher de pair avec les progressions ou les reculs intellectuels et moraux de ces divers degrés humanitaires.

Y a-t-il donc des degrés dans la vérité religieuse, pour que la même lumière n'éclaire pas tous les hommes, et pour que les temps et les lieux entrent pour quelque chose dans les périodes d'avancement que les sociétés humaines ont à traverser ?

Il n'y a pas de degrés dans la vérité intégrale, mais il y en a dans l'entendement humain. Ceci nous amène à devoir envisager l'ensemble historique et biologique de notre espèce pour pouvoir comprendre l'avancement progressif de l'homme et l'épurement graduel du sentiment religieux. Or, comme l'humanité tient par toutes ses fibres et toutes ses racines au monde physique et au monde spirituel, c'est la constitution même de l'Univers qu'il faut que nous envisagions tout d'abord.

Nous ne nous éloignerons un moment de la question religieuse que pour y revenir ensuite pourvus de lumières et de preuves décisives établissant la croyance à deux Principes primordiaux, distincts et irréductibles entre eux.

Un tel problème que celui de la constitution de l'Univers est-il donc résolu, que nous le prenions comme première base de nos recherches ?

Nous répondrons à la question posée que, si les bases que nous admettons sont les plus conformes et les plus adhérentes de toutes à l'ensemble général des vérités évidentes par elles-mêmes et à la science certaine des choses de la nature, c'est que ces bases sont réellement celles de l'universelle synthèse, ce dont on jugera mieux lorsqu'on sera arrivé à la fin de cet exposé, si l'on n'est pas rebuté par la forme un peu aride, mais absolument nécessaire, de ce commencement.

Voyons alors cette définition de l'Univers et de ce qui le constitue : l'Espace, le Temps, le Mouvement, l'Infini, le Fini, etc.

L'Univers est nécessairement désigné en ces quatre mots : TOUT CE QUI EST. Néanmoins, ceci n'explique rien, et, pour définir *ce qui est*, nous commencerons par voir en l'Univers deux choses, deux principes irréductibles : la MATIÈRE que perçoivent nos sens ; l'ESPRIT qui meut et anime, ou bien abandonne à elle-même la matière.

Ici, nous ne nous arrêterons pas déjà à combattre les subtilités métaphysiques ou scientifiques des négateurs de la matière. Nous énonçons simplement ce que la pensée humaine conçoit de plus directement réel. Nous ne saurions échapper à l'idée que l'univers et nous-mêmes sommes faits de matière et d'esprit.

Descartes, à la recherche de la plus inébranlable base de la connaissance a dit : *Je pense, donc je suis*. Nous continuerions volontiers par cette deuxième évidence : *Je suis ce que je suis*. Or ce que nous sommes serait déjà obligé de renoncer à penser et à raisonner, si nous ne nous prenions naturellement tels que nous nous voyons et nous concevons nous-mêmes, le plus élémentairement possible : premièrement avec un corps de même nature que la matière *étendue* qui nous environne de toute part, et en continuel échange avec elle ; deuxièmement avec un principe actif, un esprit immatériel qui meut et dirige cette matière et en est distinct, puisqu'il persiste le même durant tout une existence, sans suivre ce que le corps abandonne continuellement de sa substance. Il est en effet expérimentalement prouvé que le corps humain a entièrement renouvelé en huit années environ, ou même moins, les molécules dont il se compose. La neuvième année, la boîte cranienne ne contient plus un atome de la même matière cérébrale qu'auparavant. Pourtant, aucune solution de continuité ne se remarque dans l'esprit et la vie de l'homme depuis son enfance jusqu'à sa vieillesse.

D'autre part, les lois physiques du temps, de l'espace, de la gravitation, impliquent aussi en elles-mêmes, comme nous le verrons, l'existence de deux entités primordiales : la substance qui constitue l'espace, et le principe actif extérieur qui vient mouvoir cette substance. Nous admettons donc comme hors de doute, et la suite de ce travail démontrera les existences distinctes de l'esprit et de la matière. Ce point est pour nous essentiel, car tout ce qui va suivre part de là.

Nous avons alors pour première assise de *ce qui est*, soit l'univers et nous-mêmes, deux Principes : Matière, Esprit, principes primordiaux que nous ne pouvons concevoir autrement qu'éternels, car, que mettre à leur place avant ou après eux, ou comment admettre le *néant*, c'est-à-dire *ce qui n'est pas ?*

La Matière ou *Substance physique* est par elle-même ; son existence s'impose ainsi que son éternité, disons-nous, par l'impossibilité absolue de la prendre ou de la rendre au néant, et elle emplit l'*espace*, qui n'existe que par elle, sous forme d'*atomes finis, indivisibles et semblables entre eux*, qui, dans l'état primordial, se font réciproquement et nécessairement équilibre.

L'atome fini et indivisible se prouve à son tour par l'aspect même de tous les corps matériels à volumes et contours arrêtés, lesquels ne sauraient être ainsi, s'ils ne se composaient d'un nombre précis et arrêté de particules finies et irréductibles entre elles. La supposée divisibilité infinie de la matière jusqu'à sa réduction en énergie au repos, comme la définissent les négateurs dont nous avons parlé, serait son intangibilité absolue, son annulation pure et simple, chose que démentent l'examen et l'analyse de tous les corps de la nature, tous réductibles à une première base atomique réelle et déjà, pour ainsi dire, percevable dans les coefficients de plus en plus identiques par lesquels les corps simples de la chimie se multiplient entre eux.

La négation de la matière vaut la négation du mouvement de ces sophistes devant lesquels, pour toute réponse, Zenon se contenta de marcher. Comment les négateurs de la matière qui, d'ailleurs, admettent le mouvement, expliquent-ils l'action mouvante sans chose mue? Mais ne nous arrêtons pas davantage à prouver l'évidence même.

La Matière, en son état primordial, est nécessairement à l'état de repos, ou plutôt d'équilibre parfait entre tous les atomes semblables qui la constituent — nous disons équilibre et non inertie — et si, dans notre univers, nous la voyons inégalement distribuée, à des degrés différents de densité, c'est que la FORCE est venue la saisir et ajouter le *mouvement* à son ENERGIE propre, simple énergie de position qui relève uniquement de cet équilibre réciproque et primordial. C'est cette énergie, attribut propre de la matière et l'accompagnant partout, que les négateurs ont prise pour la matière elle-même. Nous verrons plus loin cette Energie matérielle des atomes, distincte de la Force, entrer pour sa grande part dans la cause de l'attraction universelle.

Nous touchons ici au PRINCIPE-ESPRIT supérieur dont un des attributs particuliers est la *Force*. C'est sous l'action de cette force qui leur est extérieure que les atomes se groupent sous les aspects divers que présente notre univers sidéral, avec ses condensations astrales et ses espaces raréfiés au dernier degré de distension que permet l'élasticité de la matière, où elle devient l'éther, toujours assez compact cependant pour qu'il reste le véhicule des ondes lumineuses, calorifiques et autres que les globes échangent entre eux.

Et reconnaissons ici, dans cette même élasticité de la substance universelle, une nouvelle preuve de sa constitution en atomes séparés les uns des autres, mais reliés entre eux par leur propre énergie rayonnante qui associe les atomes et fait qu'il n'y a pas de *vide;* car sans cette division, tout mouvement serait impossible. Une matière indéfectiblement une, sans parties mobiles, serait, en effet, impénétrable à toute impulsion.

Ainsi, *matière* et *espace* ne font qu'un, puisque l'espace n'est que par la matière, et cet espace est nécessairement *infini*, toute limite, si reculée fût-elle, restant inconcevable par la possibilité constante et évidente de la reculer toujours davantage.

Cet infini part du *fini* qui est l'atome, comme à son image, l'infini des nombres commence au fini de l'unité. Sans atome ni unité finie, point de corps physiques ni même de notion mathématique des nombres. Ceux qui croient à une divisibilité infinie de la matière sont dupes d'un mirage ou reflet idéal, en sens inverse et au-dessous de l'atome, du réel infini qui est la multiplication sans limite de l'unité atomique réelle.

Et ceux qui nient l'infini par des raisons comme celle-ci, par exemple, que si grand qu'on le conçoive, son carré ou son cube seront encore plus grands que lui, ceux-là ne s'aperçoivent pas qu'ils spéculent sur des *nombres arrêtés* et nullement sur l'infini.

Nous venons de résumer, le plus succinctement qu'il nous a été possible, ce qui a rapport à la Matière, à sa constitution et à sa répartition, c'est-à-dire à celui des deux Principes primordiaux et éternels qui constitue l'univers physique, et dont les attributs propres sont l'*étendue* et l'*énergie* atomique, énergie prenant sa source, avons-nous dit, dans l'équilibre naturel et réciproque des atomes à l'état originel.

Arrivons maintenant au PRINCIPE-ESPRIT supérieur au PRINCIPE-MATIÈRE. Ses attributs propres sont : *Intelligence*, *Volonté*, *Force*.

Lorsque nous avons parlé du *Mouvement*, lequel seul fait le *Temps*, comme la *Matière* fait l'*Espace*, nous avons déjà dû mentionner le troisième de ces attributs du principe supérieur, la *Force* dont l'entrée en action fait qu'il y a dualité de pouvoirs moteurs par la *Force* spirituelle *active* et l'*Énergie* matérielle passive mais *réagissante*. Or, de cette dualité d'action relève, en tous ses détails et tous ses aspects, la constitution même de notre univers.

C'est la *Force* émise par la *Volonté* et dirigée par l'*Intelligence* du Principe-Esprit, qui est venu rompre l'équilibre naturel de l'*Étendue matérielle* aux endroits où elle s'est exercée, et donner le branle à une évolution temporaire dont la raison humaine ne voit pas la *Cause* et le *But*, mais dont elle peut constater l'ordre et la marche, dirigés vers une *Fin* certaine, quoique mystérieuse, ce qui implique nécessairement l'*Intelligence* et la *Volonté* suprêmes qui président à cette évolution visible et indéniable.

Ainsi, le Mouvement relève du Principe-Esprit, comme l'Espace relève du Principe-Matière.

En somme, le fait sensible absolu est celui-ci : Aussi loin que puisse s'étendre la portée de nos instruments et de nos calculs, l'univers se montre à nous sous l'aspect d'innombrables points de concentrations matérielles, flottant dans l'espace toujours empli par ce minimum de matière diffuse irréductible que nous appelons éther.

Vapeurs impondérables des premières formations cosmiques ; nébuleuses gazéiformes ou résolubles en divers foyers de matière condensée ; soleils enflammés ; planètes massives ; comètes en formation ou en dissolution ; bolides, derniers débris de globes tombés en poussière, nous enseignent que les astres naissent d'une condensation de la matière diffuse, qu'ils traversent différentes phases d'existence, et qu'ils aboutissent à une destruction finale, c'est-à-dire au rétablissement de la diffusion matérielle dont ils étaient nés. C'est, dans sa plus grande extension connaissable pour nous, la grande loi universelle de naissance, croissance, apogée, déclin et mort.

Il y a là un cycle complet, une évolution qui, après avoir déroulé le magique spectacle de la création des univers, se termine en ne laissant plus subsister que les deux assises fondamentales : Principe-matériel *passif* et Principe spirituel *initial*, un moment unis, puis désunis sur un point de l'espace, pour aller s'unir encore en d'autres lieux.

A l'objection qu'on pourrait nous faire que l'univers ne saurait admettre de repos ici et de mouvement là, nous répondrons que l'on voit bien l'océan soulevé dans telle région, tandis que sur tel autre point du globe, il est dans un calme complet. Ainsi, les tourbillons stellaires que les astronomes appellent nébuleuses peuvent être en mouvement et en concentrations matérielles compensant exactement une raréfaction éthérée, tandis que d'autres régions spaciales garderaient leur état d'équilibre atomique primordial.

Et à cette autre objection souvent présentée qu'un esprit ne saurait entrer en contact et liaison avec une matière brute, en raison de l'opposition de leurs natures, répondons aussi en observant que la Force, d'origine spirituelle, et l'Energie propre à la Matière sont deux puissances motrices pouvant agir l'une sur l'autre sans qu'il y ait là aucune incompréhensibilité.

D'autre part, la suprématie du Principe-Esprit sur le Principe-Matière n'est nullement en cause parce qu'elle s'exerce activement ici et ne s'exerce pas là.

Nous ne savons ce qui peut exister au delà du coin d'espace que nous occupons dans l'Univers intégral. Il est possible que d'autres régions de l'étendue soient le théâtre de formations d'ordre et de but différents de ce que nous voyons autour de nous. Peut-être notre groupe sidéral n'est-il, dans l'immensité, qu'un détail organique de quelque existence inconcevable pour notre entendement. Toutefois, ce troublant inconnu ne saurait rien changer à l'action manifeste des deux Principes que nous avons reconnus comme bases primordiales et nécessaires de *tout ce qui est*.

Cet exposé, bien que réduit au plus essentiel, semble un peu compliqué pour une simple réponse. Mais il ne nous a pas paru possible de fractionner ce qui est si étroitement lié et engrené à la base du système de l'Univers.

Pourquoi deux Principes, au lieu d'admettre un Dieu tout-puissant et créateur de la Matière?

Il est impossible de considérer l'aspect vrai de l'Univers, sans y constater : dans l'ordre physique, une véritable lutte entre deux forces naturelles contraires; dans l'ordre vital et humain, en opposition avec la jouissance, la paix, l'amour, la vie, un noir tableau de privations, de souffrances, de carnage, de haine et de mort.

Comment voir en ces oppositions, en ces contraires, une cause unique? Comment pourrait-il y avoir contradiction et combat en un seul et même principe qui mettrait son caprice à s'opposer et se contredire lui-même?

Puis, comment comprendre la matière CRÉÉE? Si elle a été créée, elle l'a été du néant, et elle retournera au néant, un commencement impliquant nécessairement une fin. Or quelque chose peut-il sortir de *rien*, ou disparaître sans qu'il en reste *rien*? Et, si la matière a toujours été, elle n'a pas de créateur, et elle est donc par elle-même.

Pourquoi chercher ces impossibles, lorsque le dualisme de principes primordiaux différents explique tout : les oppositions ou contradictions, la lutte, le mouvement, l'aspect de l'Univers, les oscillations de l'étreinte dans l'ordre et le désordre, le bien et le mal, la vie et la mort?

Est-ce parce que les métaphysiciens de l'absolu unitéiste prétendent qu'il ne saurait y avoir en même temps deux infinis? Opposition de termes si l'on veut, mais non de fait, car en quoi l'infini matériel empêche-t-il l'infini spirituel? L'un n'accompagne-t-il pas nécessairement l'autre au contraire! Dans cette soi-disant contradiction, il n'y a que des mots et point des raisons ni des causes supérieures réelles. Dualisme n'est pas dualité en un même principe.

Il est visible que l'idée aujourd'hui dominante d'un Principe unique n'est que similitude avec l'idée unificatrice d'un seul pouvoir qui, dans l'esprit humain, a succédé à l'ancienne croyance en autant de puissances distinctes que les hommes primitifs crurent voir de forces rivales dans la nature.

La vérité est entre ces deux extrêmes, et le dualisme manifeste des deux grands principes universels ne diminue rien, d'ailleurs, de la suprême souveraineté du Principe-Esprit, lequel agite et gouverne à son gré l'océan infini de substance matérielle qui donne un corps à l'Univers.

Étant admis deux Principes et deux sortes d'actions en contact dans l'évolution universelle, comment s'expliquent les lois connues du mouvement ?

L'évidence de la constitution atomique de la matière s'est de tout temps imposée aux penseurs. Mais la difficulté d'expliquer la formation, la giration et les groupements des corps célestes a fait qu'ils ont eu recours à diverses hypotèses gratuites, telles que les atomes crochus de Démocrite et d'Épicure, que les hasards du mouvement et des rencontres agglomèrent de plus en plus; l'attraction naturelle et spontanée de Newton; la même attraction modifiée pour Kant par des déviations latérales ayant pour cause une force répulsive sensible seulement de tout près entre les plus infimes particules de la matière; et pour Laplace, attraction et giration de la matière diffuse considérées comme étant de même nature originelle et primordiale.

Or, seule, la conception dualiste : Force immatérielle et Énergique d'équilibre atomique primordial, met, à la place d'hypothèses partielles, une véritable notion générale de cause universelle dans la formation de tous les corps de la nature et dans les lois de leur mécanique.

Il suffit en effet de considérer cette dualité d'action des deux principes, partout où le premier vient étreindre le second, pour concevoir :

1° Un premier effet de rupture d'équilibre entre les atomes comprimés ou distendus, les uns par rapport aux autres, suivant comme s'exerce la force supérieur qui les contraint;

2° Une réaction de l'énergie d'équilibre propre à l'atome, tendant toujours et partout à revenir à la densité naturelle et primordiale de l'océan matériel universel ;

3° Des degrés différents de combinaisons entre la coercition et la réaction, soit en sens dispersif, soit en sens contractif, produisant déjà des groupements atomiques inégaux, selon des lois numériques fixes qui prennent leur origine dans la constitution atomique de la matière, car ce sont les atomes qui font les nombres et la conception abstraite que nous en avons, comme c'est l'impulsion initiale supérieure qui fait le mouvement ;

4° Des rapports divers d'attraction ou de répulsion entre ces premiers groupements chaotiques, en raison directe ou inverse des proportions de force coercitive ou d'énergie réagissante, en jeu de tous côtés ;

5° Fin de la période chaotique par la tendance de toutes les affinités de même pente (la loi des semblables) à se réunir en grands courants homogènes dans lesquels se régularise de plus en plus l'étreinte universelle des deux puissances, et par l'ordre mathématique qui relève du nombre arrêté des atomes actionnés, autant que de l'impulsion déterminée et des directions voulues par le Principe ultra-matériel, seul initial ;

6° Une fois l'ensemble des deux inclinations bien établi et régularisé dans l'entraînement général des atomes, effet oblique du mouvement que deux sollicitations constantes et inégales déterminent, et, par suite, forme courbe des trajectoires que leur prolongement continu ramène nécessairement sur elles-mêmes, et d'où résulte la forme circulaire ou en spirale des translations, la giration et la forme globulaire des concentrations astrales ;

7° Universalité du mouvement et de ses transformations sous les aspects : lumière, chaleur, force, etc., dans la région visitée par le souffle initial, et relativité réciproque de toutes ses parties inégalement ébranlées où les effets produits par la force coercitive d'une part, et ceux de l'énergie atomique réagissante, d'autre part, se totalisent en une synthétique rencontre angulaire qui enfin se résout en un tourbillonnement général comme est celui dont notre univers nous présente le spectacle.

Les lois reconnues de la Pesanteur, de la Gravitation universelle, concordent-elles avec cette première notion de la cause du Mouvement?

Sans l'énergie d'équilibre atomique originel tendant à ramener de toutes parts sur elle-même la matière des espaces intersidéraux que la force a distendue au delà de sa densité primordiale, les concentrations astrales se maintiendraient éternellement ce qu'elles sont, chose qui n'est pas; et, sans la force en action qui se manifeste dans les globes d'autant plus intense qu'elle rassemble un plus grand nombre d'atomes sous son effort, il n'y aurait pas de pesanteur, celle-ci, à ses différents degrés, n'étant qu'effet de la force elle-même, supérieure à l'énergie atomique.

Quant à l'état d'inertie de la matière, c'est, non pas absence d'énergie, mais balance égale des deux actions, partout où la force ne s'exerce pas supérieurement dans un sens déterminé. Cet équilibre est déjà visible dans les oscillations de tout mouvement intense, depuis les vibrations d'une flèche et d'un train de chemin de fer, jusqu'aux balancements constatés dans la marche des astres.

D'une part règne, au sein des espaces raréfiés qui séparent les masses de matière qu'une force supérieure maintient rassemblées, une énorme élasticité en retrait, élasticité qui sollicite le rapprochement des points extrêmes ; d'autre part pèse la force qui fait les concentrations astrales et qui s'exerce à divers degrés en ces derniers milieux, déterminant les états différents en volume, densité et poids, que nous constatons dans les masses astrales.

Si la force, manifestée dans la pesanteur, donne des espaces parcourus proportionnellement au carré des temps, c'est-à-dire est continuellement accélératrice du mouvement, s'ajoute à lui d'instant en instant, c'est qu'elle est bien d'une origine extérieure à la matière sur laquelle elle s'exerce. Que cette force extérieure vienne à se retirer, et l'énergie atomique, rendue à elle-même, redistendra les masses et recondensera les espaces ambiants.

En attendant, nous avons les effets de mouvement et de gravitation universelle produits par la rencontre des deux puissances aux prises, avec les rotations et les translations résultant des deux poussées contraires, leurs équivalences en vitesse et pesanteur ; enfin le balancement des forces centripète et centrifuge, effets dont Kepler et Newton ont précisé les lois géométriques et mathématiques.

Ajoutons que ces lois admirables de la gravitation sont impuissantes à expliquer à elles seules l'origine des condensations astrales qui n'en ont pas moins commencé, comme elles s'opposeraient à la désagrégation des globes, fin inéluctable pourtant de ces derniers. C'est qu'antérieurement et postérieurement à l'étreinte des deux principes, ces lois ne gouvernent plus, n'étant que l'expression de l'équilibre survenu et maintenu temporairement par la constitution de l'ordre physique présentement réalisé comme il l'est en notre univers.

Maintenant que nous avons envisagé la constitution de l'univers sidéral, examinons ce qui regarde particulièrement notre globe terrestre.

Notre système solaire a eu, lui aussi, pour premier commencement, une nébulosité qui s'est peu à peu divisée et condensée en autant de globes distincts que ce système contient, autour de son soleil, de planètes et de satellites. Tel a été le début de l'astre qui nous porte et qui finira, parce qu'il a commencé, quand cessera l'étreinte des deux principes qui sont en lui.

Deux phases principales marquent son évolution comme celle de tous les globes. Ces deux phases sont : l'ORDRE PHYSIQUE et l'ORDRE VITAL.

La première de ces deux phases, aujourd'hui accomplie, a consisté dans la régularisation de cet ordre physique dont nous avons prononcé le mot en terminant la réponse précédente. Le dit Ordre physique est le dernier effet stable du conflit des deux puissances motrices, la résultante finale actuelle de l'action de l'une et des réactions de l'autre, désormais balancées dans l'équilibre devenu possible au milieu des conditions apportées par la force initiale évolutrice. Cette première phase, disons-nous, est terminée en ce sens que les lois qui régissent la matière inorganique et le mouvement sont pour nous fixes et immuables, du moins en l'état présent de notre monde.

La deuxième phase, qui est encore en cours, est celle du mouvement organique formant l'Ordre vital. Si l'Ordre physique, concernant avant tout le mouvement et les différents états de la matière, est dès longtemps régularisé, il est loin d'en être de même de l'Ordre vital à tous ses degrés; car, tandis que les lois purement physiques sont fixes, la chimie organique, au contraire, reste une science toujours ouverte devant un continuel inconnu, et le règne de la Vie, par comparaison, ne fait pour ainsi dire que de commencer.

L'étreinte des deux principes, violente à ses débuts, ne laisse d'abord paraître que conflit et chaos, mais ensuite régularisation du mouvement et ordre stable. Jusqu'ici c'est le principe inférieur, la Matière, avec ses attributs propres qui a surtout occupé la scène.

Cependant, après que les énergies matérielles, réagissant sous l'ébranlement évolutif, eurent donné tous leurs effets possibles en produisant en dernière résultante l'Ordre physique, avec les lois naturelles de ce premier degré d'organisation astrale, une évolution nouvelle et distincte, bien que dépendante de la première et lui faisant suite, se dégagea de l'Ordre physique et inaugura, par l'apparition de la Vie, un ordre supérieur où le principe immatériel commence à se manifester particulièrement, semble reparaître dans une indépendance relative, émerge, en quelque sorte, de l'Ordre physique.

La Vie affirme ainsi sa dualité d'origine : virtuellement

recélée dans la masse de substance ébranlée par le souffle initial déterminateur de l'évolution astrale, elle n'éclôt qu'après l'accomplissement de l'Ordre physique et au sein même de cet Ordre, par une manifestation déjà plus directe et isolée du mode actif, intelligent et voulant que l'évolution intégrale tient de son origine extérieure et supérieure à la Matière et qui relève du seul Principe-Esprit dont les attributs sont *Intelligence, Volonté, Force*.

C'est ainsi que ces mêmes attributs accompagnent à quelque degré déjà et spontanément la vie dès sa première apparition. Aucun naturaliste, chaque jour admirateur de l'intelligence et la volonté même qui préside à tous les faits d'existence des moindres organismes animaux et végétaux, ne s'élèvera contre cette affirmation.

L'ensemble de toute cette activité physique et vitale se trouve donc réunie, et d'avance recélée, dans chaque tourbillon astral devenu l'objet d'une évolution grandiose dont la phase vitale représente comme le commencement et la continuation toujours plus accentuée d'un nouvel isolement du Principe immatériel se reprenant, pour ainsi dire, et s'isolant de plus en plus de l'étreinte des premiers temps du conflit des deux Principes universels.

La vie est donc visiblement une manifestation devenant de plus en plus directe du Principe-Esprit, mais contenue, alourdie et considérablement empêchée par l'alliage matériel. Elle représente le premier travail d'organisation, mais aussi de disjonction des deux éléments en voie l'un et l'autre de retourner à leur état primordial.

Nous allons voir la vie naître d'infimes débuts, pour se développer et s'élever ensuite jusqu'à l'être humain qui représente sur la Terre le sommet actuel de l'évolution totale de l'ordre vital.

Quel est sur le globe le point de départ de la Vie?

Ce point de départ, cette première manifestation de la vie, est visible et palpable aujourd'hui encore, comme aux premiers débuts de l'Ordre Vital, dans une substance d'aspect gélatineux à laquelle on a donné le nom de protoplasme. Pour tant que la chimie, qui peut tant de transformations et de combinaisons, se soit efforcée de composer scientifiquement une substance semblable, elle n'a jamais pu que constater qu'il existe un abîme infranchissable pour elle entre l'inorganique et l'organique, même en son plus élémentaire aspect, ce protoplasme presque inerte qui néanmoins présente déjà le caractère de la vie. Or, de ce premier pas, aux formes les plus avancées des érections vitales, l'enchaînement est continu. Il est manifeste que LA VIE N'EST QU'UNE.

D'organisation infiniment supérieure à celle des corps de l'Ordre physique, qui ne s'étendent que par la juxtaposition de leurs molécules composantes retenues par des affinités chimiques ou des lois de gravité, les érections de l'Ordre vital évoluent dans tout leur ensemble et se renouvellent au milieu d'un tourbillonnement atomique ininterrompu, par l'apport incessant de matériaux nouveaux bientôt assimilés à la place des éléments inutilisés qu'elles éliminent.

Ces créations maintiennent, tant qu'elles durent, la plus étroite solidarité réciproque de toutes leurs parties, malgré une incalculable complexité d'organisation, et, considérées isolément, elles représentent une évolution, et comme un petit univers à part doué d'action propre et, jusqu'à un certain point, indépendante des lois physiques telles que la pesanteur, la température, les affinités chimiques, contre lesquelles elle reste capable de réagir.

Il y a donc nécessairement, parmi les atomes du monde physique, des atomes particulièrement pénétrés par le Principe actif supérieur qui leur ajoute quelque chose de ses propres attributs : *Intelligence, Volonté, Force.*

Tel est l'atome animé, base et point de départ de toute construction vitale, première unité de toutes les édifications organiques.

L'Ordre vital, comme l'Ordre physique, a donc aussi son unité, l'UNITÉ VITALE.

Par quel procédé les unités vitales s'emploient-elles à la construction des corps animés ?

Ce procédé, c'est le groupe associé et les combinaisons de groupements s'élevant toujours en synthèse vitale.

De même que la formation des corps physiques a pour base l'atome, *unité physique,* nous devons voir dans l'atome animé que nous venons de reconnaître l'*unité vitale* dont les groupements constituent toutes les formes vivantes des règnes végétal et animal.

Le premier de ces groupements est la cellule qui représente ainsi l'association élémentaire d'atomes animés satisfaisant aux plus inéluctables besoins d'appui réciproque de ces unités simples aux prises avec les conditions physiques du milieu planétaire considéré dans sa généralité, et qui constitue alors véritablement une unité de *second degré;* l'unité *moléculaire animée,* c'est-à-dire ce qu'on peut nommer l'UNITÉ TACTIQUE des formations évolutives de la vie. Ce sont ces unités cellulaires en effet, ou molécules vivantes, que l'analyse organique rencontre toujours semblables à elles-mêmes, à quelques proportions près, peut-être, dans tous les êtres animés, depuis l'amorphe protoplasme jusqu'aux êtres les mieux organisés : un tissu vivant, autour d'un nucléole de matière nutritive, et le tout déjà en giration. Ce tournoiement constaté de gauche à droite est probablement la cause de la direction de même sens que présentent sans exception toutes les spires naturelles végétales et animales, coquilles, liserons, etc., et jusqu'à nos mouvements les plus naturels, que rien autre ne saurait expliquer.

C'est de leurs affinités, de leur assemblage de plus en plus compliqué et perfectionné, que sont faits les divers organes qui, eux-mêmes, se hiérarchisent entre eux jusqu'à l'être complet qui sera telle plante ou tel animal.

Ainsi, tout être vivant, l'homme lui-même, n'est en réalité qu'une complexe synthèse de vies élémentaires, de groupes d'unités vitales où le degré d'élévation en vigueur, intelligence, caractère, action propre, est en raison du degré d'organisation auquel il est parvenu, c'est-à-dire de la libre manifestation des propres attributs du Principe-Esprit qui tend, avons-nous dit, à se ressaisir et à s'isoler de nouveau de la Matière.

Tel est le mode d'édification des êtres par l'unique élément animé que nous avons reconnu comme unité vitale, unité irréductible, de même que l'atome qui lui donne un corps, et toujours semblable à elle-même, mais apte à produire les innombrables différences vitales, par la proportion dans laquelle se contrebalancent et s'exercent les divers attributs des deux Principes toujours représentés.

De tels êtres où règne un incessant et prodigieux mouvement de toutes leurs unités composantes, s'ils étaient vus par des yeux faits pour l'infiniment petit, leur offriraient l'image d'un tourbillonnement inouï, d'un nuage de particules vibrantes s'agitant chacune à sa place, ou emportées par de certains courants circulatoires poussés dans toutes les directions, nuages dont les contours se dessineraient comme ceux des formes internes et externes qui sont seules perceptibles pour nos yeux.

Un être animé est donc un complexe tourbillon, un véritable système de corpuscules en mouvement, unifié, constitué par ces unités vitales, base première de toutes les formes organiques.

Comment s'entretient et se maintient la forme vivante que nous venons d'entrevoir sous l'aspect d'un tourbillon d'atomes animés ?

De sa naissance à sa fin, et à travers toutes les phases par lesquelles il passe, l'être vivant représente, avons-nous dit, un tourbillonnement de particules successivement appelées du dehors, assimilées, quelque temps charriées dans les organes auxquels elles donnent la consistance, puis éliminées pour faire place à d'autres. Comme tous les tourbillons, le tourbillon vital aspire et rejette.

Il semble y voir l'effet d'un souffle mystérieux qui, de tous côtés, soulève et anime des nuées d'atomes pris à l'ordre physique. Dans tout le règne végétal, d'ailleurs, le tourbillon ne cesse d'adhérer étroitement au sol qui l'alimente, jusqu'à ce que les perfectionnements de la vie, bientôt devenue animale, viennent remplacer l'attache persistante par un foyer nutritif capable de déplacement et qui continue chez l'animal le même rôle nourricier que celui que le sol remplit à l'égard de la plante.

Les atomes introduits dans ce milieu de vie s'y animent comme par l'effet d'une aimantation particulière, et ils y fournissent toute une carrière de combinaisons jusqu'à ce que, leur rôle fini, ils soient de nouveau rendus au seul emploi des lois physiques.

C'est ainsi que s'entretient et se renouvelle la forme animée, jusqu'à ce que le souffle mystérieux ultra-matériel, s'isolant complètement, le tourbillon se ralentit, puis tombe tout à fait privé d'impulsion, si même il n'est pas brisé par accident avant sa fin naturelle.

N'y a-t-il pas pour les deux règnes, végétal et animal, communauté de principes et unité d'origine ?

La vie n'est qu'une. Il n'y a qu'une immense progression ascendante des formes vitales selon les conditions particulières de chaque foyer d'organisation. Le passage de la vie végétale à la vie animale est absolument insaisissable, l'unité moléculaire, la cellule restant sensiblement la même pour les deux règnes, et ce n'est qu'à un large intervalle que se remarque, sur l'échelle de vie, cette différence de nature qui nous paraît fondamentale, mais qui n'est qu'une différence de régime d'existence, car entre ces deux modes de la vie terrestre se rencontrent des formes intermédiaires inclinant plus ou moins vers l'un ou l'autre mode et qui les relient tous deux sans solution de continuité. Ne sont-ce pas d'ailleurs les mêmes unités vitales qui s'échangent d'un règne à l'autre, soit lorsque l'animal se nourrit de la plante, soit quand celle-ci absorbe les restes décomposés des animaux ?

Il n'y a, du végétal à l'animal, que passage à un degré supérieur de puissance vitale, l'organisme végétal, plus directement lié à l'ordre physique, s'alimentant surtout de matériaux tirés de cet ordre, et l'organisme animal se nourrissant essentiellement d'aliments organisés, et, par cela, plus capables de participer à une existence de mode supérieur, simple continuation toutefois des degrés antérieurs de la vie.

C'est même cette nécessité d'aliments nutritifs déjà organisés qui fait la lutte universelle des espèces se disputant entre elles leur propre substance et s'entre-détruisant pour subsister les unes aux dépens des autres. Triste tableau de carnage qui, à lui seul, témoignerait suffisamment que la période chaotique, terminée pour le premier ordre, dure encore pour le second.

Quelles sont les causes qui déterminent la formation des organes dont l'ensemble et la relation réciproque constituera un animal perfectionné ?

A mesure que progressent les formes vivantes, on voit peu à peu se localiser chez elles les premières facultés déduites de la sensation (énergie anatomique vivifiée des attributs spirituels) et s'ébaucher des centres spéciaux d'activité organique répondant aux nécessités les plus urgentes de cette république d'atomes animés ; puis enfin apparaître des sens et des organes achevés. A toute provocation constante venant du dehors et se répercutant dans ce milieu diffusément sensitif, le groupe d'atomes vivants solidarisés a répondu par la formation d'agents en permanence chargés d'utiliser l'action extérieure ou de la repousser, selon sa nature favorable ou hostile ; et il a pris en conséquence la figure interne et externe que ce conflit incessant lui a faite à travers tous les développements de la vie.

C'est ainsi que l'organisation va d'elle-même à la disposition générale la plus profitable au groupe tout entier de ses unités composantes et que leur solidarité oriente l'ensemble de l'activité vitale vers une entité synthétique qui constitue la personnalité des êtres. Or, c'est la synthèse générale du système d'organisation qui fait cette individualité englobante très supérieure aux unités moléculaires toujours les mêmes dans tous les organismes.

Voyons maintenant quelle action exercent les milieux sur les formes vivantes, comment celles-ci se partagent en espèces différentes, et quelle place acquiert, au-dessus d'elles, l'espèce humaine.

Les formes réalisées dans la nature vivante actuelle sont les résultats du conflit qui a toujours eu lieu, d'une part, entre les actions et les conditions de toute sorte régnant dans chaque milieu spécial, et, d'autre part, les foyers de vie dont l'expansion subtile et rayonnante a conquis sur le milieu un domaine conforme au genre d'activité vitale qui s'y peut produire. Or, par milieu, il faut entendre, non pas seulement une généralité physique d'éléments et de climat, mais encore une certaine place possible parmi les espèces rivales qui se disputent déjà l'espace et les aliments nécessaires à l'entretien de la vie. Ainsi, les aliments et leur rareté même qui limite impitoyablement le nombre des individus appelés à s'en nourrir, sont aussi des conditions de milieux, comme en général toutes les facilités ou les difficultés entre lesquelles une espèce peut trouver à subsister.

Tout vide où quelque nouvelle activité vitale trouvera place, constituera donc un milieu dans lequel pourra se façonner une forme animée qui se calquera sur les conditions de résistance ou de facilité régnant dans ce milieu ; et cette forme, qu'elle y soit née ou, ce qui est presque toujours le cas, qu'elle soit venue s'y adapter, sera comme un effet vivant de la nature spéciale du milieu, ou deviendra l'objet d'une graduelle transformation organique en rapport avec ses nouvelles conditions d'existence. « Le milieu crée la fonction et la fonction l'organe », a dit Claude Bernard. Plus que la fonction et l'organe, le milieu crée tout l'organisme.

Dans le conflit de l'action inéluctable des milieux naturels d'une part, et de l'énergie élastique des foyers vivants, d'autre part, c'est en effet l'être animé, plastique et malléable, qui se pliera seul à des nécessités aveugles et fatales. C'est ainsi que le volume et les proportions du corps ; les organes divers avec leurs fonctions appropriées ; les sens et leurs merveilleux mécanismes créés de toutes pièces pour la seule utilisation des manifestations physiques ; le genre d'existence adopté ; tout répond rigoureusement et dans les moindres détails aux conditions du milieu spécial où l'être, animal ou plante, s'est formé ou s'est adapté. L'infinie diversité des formes vivantes, dont l'histoire naturelle nous présente le tableau, n'a pas eu d'autre origine que cette adaptation de la vie à toutes les conditions possibles présentées par les milieux. Les nombreuses espèces imparfaitement conformes à leurs milieux actuels ne semblent contredire cette règle que parce que, transplantées hors de leur ancien milieu, leur lente transformation ou réadaptation graduelle n'a pas encore eu le temps de s'accomplir. Il ne faut pas arguer de l'apparente stabilité de la période où nous vivons pour croire à une fixité absolue des espèces. La paléontologie est là pour nous montrer un passé de la vie terrestre très différent de ses formes actuelles, et qui nous prédit un avenir tout aussi changeant.

Les formes vivantes sont ainsi moulées et façonnées par la rencontre de deux sortes d'activités : l'action expansive des foyers de vie et les compressions limitatives de toute nature du milieu ambiant.

D'autre part, on ne saurait considérer les différentes catégories spécifiques comme ayant une existence propre en tant qu'espèces. Elles sont l'œuvre de milieux où persistent les mêmes influences et où la vie s'organise et se reproduit en des individus semblables entre eux. Tant que les mêmes

conditions durent, l'espèce née de ces conditions se maintient telle qu'elle, mais, lorsque ces conditions changent
sans retour, les individus, et par conséquent les espèces et
les variétés dans lesquelles ils se sérient, malgré un certain
degré plus ou moins durable de résistance spécifique acquis
par une longue fixation, finissent, nous l'avons vu, par
céder aux influences ambiantes, et elles disparaissent ou se
modifient bientôt par l'adaptation au nouveau milieu qui
remanie les formes, et par la sélection qui donne la survi-
vance aux formes qui, les premières, se sont le mieux
adaptées.

C'est par un continuel enchaînement de formes vivantes,
de plus en plus avancées en perfectionnement, que s'est
développée l'immense échelle d'êtres que présente l'histoire
naturelle des deux règnes, et cet enchaînement relie entre
eux tous les êtres animés, sans aucune solution de continuité. Ainsi, les mêmes racines sont communes à toutes
les formations animales et végétales, où tout se ramifie et
se tient d'un bout à l'autre, et d'où les individus ne se séparent librement que par la rupture du tube nourricier qui
partout attache les germes ou rejetons à l'organe géniteur
qui leur donna naissance. Or, il est essentiel de remarquer
que ce lien matériel de toute la filiation continue des êtres
vivants, a nécessairement relié de même, aux points de bi-
furcation des variétés, des espèces, des genres, des classes,
des règnes, toute propagation de la vie, quelque forme nouvelle qu'elle ait revêtue pas à pas dans le cours entier de
ses développements.

Si donc nous embrassons d'un seul regard tout l'ensemble de la vie présente et passée, ces attaches de la filiation de tous les êtres terrestres nous apparaîtront comme
un réseau idéal unique, s'étendant génériquement à l'universalité de tout ce qui vit présentement et qui a vécu depuis
les temps paléontologiques jusqu'à notre propre espèce
qu'aucun caractère, autre qu'une sommitale et transcen-
dantale manifestation des attributs du Principe-Esprit, ne

sépare de l'arbre de vie qui s'est élevé et ramifié sur la Terre à partir de l'humble et commune souche.

Cette propagation vitale sans solution de continuité est, disons-nous, essentielle à observer parce qu'elle montre une seule et unique action du Principe-Esprit qui est un et indivisible.

L'homme ne représente que le plus haut degré actuel de la progression vitale terrestre, et il serait téméraire de croire qu'il en restera le dernier terme, du moins dans ses races d'aujourd'hui se devançant déjà les unes les autres. Des formes vivantes supérieures marquant des degrés toujours plus avancés de la prédominance du Principe-Esprit dans l'évolution vitale apparaîtront nécessairement dans l'avenir.

Ce rapide examen de l'ensemble du mécanisme vital est de première importance pour établir sans conteste l'unité de la vie planétaire et les véritables origines de l'homme. La vérité religieuse s'en trouvera ensuite considérablement éclairée.

Quel est l'organe le plus essentiel de la vie chez les animaux ?

Tandis que les formes sédentaires de la vie végétale alimentent leur activité et leur croissance au moyen de matériaux tirés surtout du milieu physique et assimilés directement, les formes ambulantes de la vie animale procèdent à un emmagasinement préalable d'aliments empruntés en majeure partie aux dépouilles d'autres organismes, et se trouvant par là déjà préparées à un rôle plus élevé que celui de la vie végétale.

Le magasin et le laboratoire de cette forme supérieure d'alimentation est le tube stomacal et intestinal qui constitue l'axe essentiel de l'activité tourbillonnaire de toutes les existences animales. Ainsi, l'organe fondamental, celui duquel dépendent tous les autres, c'est l'estomac.

Après avoir vu les premières ébauches d'organisation de la substance animée s'alimenter d'abord par une simple imbibition hasardeuse, puis se grouper de manière à régler davantage les fonctions essentielles de la nutrition, nous voyons à présent l'alimentation se frayer une voix principale d'où elle se distribuera dans l'organisme tout entier. C'est ce progrès considérable qui se trouv réalisé dans la forme si répandue des vers, c'est-à-dire déjà d'un véritable estomac rudimentaire, base d'où partiront tous les développements organiques subséquents.

Depuis le simple ver de terre qui, en fait, est le prototype de tous les êtres qui ont gravi après lui les degrés de l'échelle de la vie animale, jusqu'à l'homme, ni le nombre ni la diversité des transformations qui se sont accomplies dans les espèces en progression ne saurait faire perdre de vue que tous les animaux empruntent les éléments de leur activité physique à un courant incessant de matériaux ayant pour siège l'estomac continué dans son prolongement intestinal. L'estomac est la base sur laquelle se sont édifiées toutes les autres parties qui restent toujours sous la dépendance étroite de cet organe fondamental. C'est autour de cet agent essentiel de l'entretien nutritif que e groupent, selon les divers modes d'existence, les autres organes de plus en plus compliqués et appropriés, et dont la raison d'être se rattache toujours directement ou indirectement à l'entretien de la vie, c'est-à-dire à l'alimentation incessante du tourbillon vital, au moyen d'apports venus du dehors, qui se répandront ensuite dans l'ensemble de l'organisme, par le travail distributif dont l'estomac est le point de départ.

Que, par la suite, une bouche se perfectionne au sommet de ce conduit essentiel et s'arme de manière à pouvoir saisir et broyer une proie ; que des viscères infatigables, des muscles vigoureux et des membres locomoteurs ou travailleurs s'ajoutent un à un ; que des sens avertisseurs se forment et s'approprient à relationner l'animal avec ce qui l'entoure ; qu'un centre répercuteur et pondérateur des diverses sensations passives ou réactives de cet être perfectionné devienne enfin cerveau dirigeant où siège, en l'espèce humaine, la plus haute manifestation terrestre du Principe spirituel, il n'existera pas d'animalité un peu avancée qui ne commence à un estomac et ne dépende tout entière de lui.

Le tube primitif s'est modifié, amplifié, replié sur lui-même, s'est enrichi de vaisseaux distillateurs et aidé de sucs chimiques particuliers, s'est enfoui sous le complexe assemblage des organes qu'il s'est adjoints d'espèce en espèce, mais son rôle n'a pas changé : de même qu'au commencement, lorsqu'il était à lui seul l'être entier, il reste l'organe essentiel, la condition première de toute existence véritablement animale.

Le mouvement vermiculaire et agitateur dont il est animé et qui n'arrête jamais complètement, tant que dure la vie, est le grand ressort de l'activité organique. De ce moteur principal relève tout le reste, et en lui se concentre la plus résistante vitalité de l'animal. Sans lui, aucune fonction vitale ne saurait exister.

Quelle est l'origine et quel est le rôle du cerveau ?

Si la vie organique est basée sur l'existence de l'estomac, ainsi que nous venons de le voir, la vie sensitive a son siège principal dans la substance nerveuse qui est le tissu le plus subtil et le plus noble dans lequel aient pu se réunir les unités vitales composant les êtres organisés. Les fibres nerveuses vibrent aux moindres impulsions qui, du dehors, viennent affecter les sens, lesquels ne sont eux-mêmes que des adaptations d'une pareille substance nerveuse aux diverses excitations ou manifestations physiques du milieu habité, et de ces impressions particulières résulte alors un ensemble de sensations qui constitue la vie extérieure de l'animal.

Remontons aux premiers commencements et constatons que la sensitivité diffuse dont se trouvait originellement douée la matière vivante, consistait en de simples effets de contraction ou de dilatation spontanée, se produisant successivement de molécule à molécule, mais que, lorsque des nécessités vitales plus pressantes obligèrent à une correspondance intime plus active, l'attribut sensitif, sans changer de nature, se concentra avec son maximum d'intensité dans l'agent nerveux qui devint apte à transporter instantanément, électriquement, pourrait-on dire, aux plus profonds réduits de la masse vivante, les impressions qui ne s'y transmettaient auparavant que par une égale et lente répercussion cellulaire.

L'attribut essentiellement vital de la sensitivité, resté simplement contractile dans les tissus secondaires, est donc arrivé, dans la substance nerveuse, à une intensité qui en fait le régulateur rapide de l'activité animale à laquelle chaque organe coopère individuellement par le rôle qui lui appartient en propre dans l'être entier.

C'est sans aucun doute aux premières relations d'organe à organe que remonte le besoin puis la réalisation d'une communication instantanée indispensable au fonctionnement vital de l'ensemble de l'être. L'excitation ou l'avertissement venu du dehors pénétra ainsi directement au point que cet avertissement intéressait avec la même forme vibratoire que celle de la cause extérieure, provoquant alors une réaction vitale correspondante. Puis, à partir de ce début, une synthèse de vie toujours progressante multiplia de plus en plus, en détails et en importance, l'appareil nerveux des communications interorganiques et en forma le merveilleux réseau qui gouverne toute l'activité de l'animal.

Une première partie, la plus ancienne du réseau, s'emploie chez l'homme à la direction du fonctionnement purement organique ou végétatif ; l'autre partie, née des progrès de la vie de relation, et à peine reliée au réseau primitif, a un rôle moins constant et moins régulier, mais plus étendu et plus élevé. C'est elle qui est le siège et le véhicule de toutes les sensations apportées du dehors dont elle dirige l'action vers un point conjonctif du système où se réunissent et se contre-balancent toutes les excitations qui intéressent la vie.

Il est évident que la première rencontre de deux fibres

nerveuses devait mêler leurs vibrations et les pondérer l'une par l'autre, et qu'il en fut de même en général à la conjonction terminale d'un système de courants nerveux, lesquels, dans un organisme, s'acheminent toujours seuls et sans contact entre eux, durant leur parcours. L'angle conjonctif commun du début a vu alors, pour ainsi dire, son sommet s'entourer de toutes les convergences nouvelles, et une certaine accumulation de cellules nerveuses appropriées à leur pondération réciproque a été nécessairement le résultat de l'épanouissement continu des vibrations sensitives sur ce même centre où elles se résolvent en résultantes conformes à leur nature et à leur nombre.

Partout où, dans un assemblage organique, s'est rencontré le besoin d'un foyer d'activité dirigeante, se sont formées des concentrations ganglionnaires chargées d'impulser et de régler les rouages organiques de tel ou tel genre de fonctions spéciales. C'est ainsi qu'ont pris naissance et que se sont développés par la suite, à travers les formes progressantes de la vie, tous les centres nerveux, et particulièrement le plus important de beaucoup qui est le cerveau.

C'est dans ce principal centre sensitif que se heurtent, se balancent et se pondèrent les uns par les autres, dans la luttes des influences en contact, où l'avantage est pour celles qui sont le plus conformes au bien de l'organisme, tous les effets de la sensation mise aux prises avec l'essor vital. C'est là que se reportent, en y laissant leur empreinte, tous les contre-coups de cette activité, faisant ainsi du cerveau un dépôt durable et même héréditaire de la sensation expérimentée qui s'y grave à la longue en de concrets registres, véritables archives de tous le passé de l'espèce, lesquelles archives se transmettent en s'enrichissant toujours de génération en génération. Tel est le cerveau dont la masse est répartie en deux lobes symétriques évidemment nés du double système de fibres nerveuses qui montent se rattacher à lui.

Une remarque importante dans la structure du cerveau

est que ce dédoublement cesse en un seul point, celui de cette mystérieuse glande pinéale suspendue entre les deux hémisphères cérébraux par deux fibres légères et dans lesquelles Descartes voyait le siège matériel de l'âme. Il est évident que ce réduit central paraît représenter un poste de commandement, et pourrait bien avoir quelque rapport avec l'unité du moi.

A cette remarque du grand philosophe, Malebranche, son disciple, en a ajouté une autre qui a aussi sa valeur, c'est que le cerveau nécessairement matériel et fini, et devant suffire à l'infini des sensations, des images et des combinaisons qui viennent s'y manifester, il est inévitable qu'un même pli du cerveau serve à plusieurs choses à la fois, et vraisemblablement à toutes celles qui sont de même pente et ressemblance, remarque dont la physiologie pourrait tirer les plus logiques et concluantes explications touchant la loi d'analogie qui rassemble et superpose tant de causes et d'effets différents, mais de contours homologues et de ressorts pareils.

Ne voit-on pas en de tels mécanismes, une corrélation de plus en plus évidente entre des constructions matérielles et visibles, et des causes déterminantes supérieures à la matérialité?

Quant à la sensation proprement dite, dont quelques physiologistes ont voulu faire l'unique source de l'idée et de la volonté, elle n'est qu'un moyen, un ressort physico-vital, mais point l'idée elle-même assurément, ni surtout la volonté, cette volonté initiale qui sait se manifester au-dessus et même parfois à l'encontre de l'intérêt ou de la passion la plus impérieuse. En effet, un cerveau n'est pas seulement le siège récepteur et réfléchisseur des sensations apportées là. De plus nobles facultés que de simples actes sensationnels s'y élaborent. C'est le plus pur des attributs du Principe-Esprit, qui est lui-même directement exprimé et présent en ce tabernacle de la vie terrestre qu'est le cerveau humain, et il s'y décèle même déjà sans dualisme en la pensée abstraite et le jugement, choses où la seule sensation réflexe n'a rien à voir.

Nulle autre part qu'en l'encéphale ne se rencontre une action aussi directe du Principe suprême, partout mêlé en notre planète au Principe matériel, mais s'élevant ici et s'isolant déjà presque pur dans une âme et une pensée humaine d'où il rayonne et s'exerce chaque jour davantage sur le monde entier.

L'homme peut-il être considéré comme constituant un règne à part dans la nature ?
Matériaux corporels, organes vitaux, mode d'existence, ressorts passionnels, instincts, intelligence même, il n'est rien en l'homme qui ne se trouve aussi à quelque degré chez les autres êtres du règne animal. A ce point de vue, il est et il reste un mammifère, et s'il y a plus de distance de l'homme aux autres êtres du genre, qu'il n'en existe entre les catégories animales comparées entre elles, cela tient surtout au vide que lui-même a su faire au-dessous de son espèce, dès les premiers âges, par l'extermination des espèces les plus voisines, ses rivales dans la lutte pour la vie. Cette lutte ne se continue-t-elle pas, depuis les temps préhistoriques, entre les diverses races humaines elles-mêmes, les plus perfectionnées et avancées se substituant à la longue et partout aux inférieures ? Avec l'homme, le caractère de la vie animale n'a nullement changé, et l'histoire naturelle n'a pas à compter un autre règne vital.

Toutefois, au point de vue plus élevé de l'Intelligence et du Sentiment, la venue de l'homme marque une ère terrestre nouvelle, car avec lui seulement, avec sa haute personnalité spirituelle, apparaît la *Conscience* et, pour ne pas anticiper, bornons-nous ici à reconnaître qu'il y a réellement dans l'histoire terrestre une ère, ou, si l'on veut, un *règne humanitaire.*

Relevons rapidement les autres considérations les plus

générales touchant le règne de la vie animale et les débuts de l'ère humanitaire.

Nous nous limiterons à énumérer, sans autres développements, les suivantes :

1º La vie nécessairement existante, en fait ou à l'état latent dans tous les mondes en évolution comme le nôtre, et prenant dans chacune la forme relative que lui font les conditions physiques particulières de ces mondes, mais toujours avec un semblable commencement et une même fin, c'est-à-dire : union, puis désunion de deux principes Matière et Esprit, véritables reprises successives de là lutte incessante des deux Principes.

2º Les trois attributs du Principe-Esprit, Intelligence, Volonté, Force, nettement manifestés dans l'ordre vital dont les créations marquent toutes à quelque degré une impulsion propre intelligemment dirigée vers des fins particulières, et un emploi de force effective indépendante du milieu physique. C'est cette force propre et immanente à la vie qui rend le tourbillon vital plus intense dans sa période ascensionnelle et plus faible dans sa période de décroissance. C'est ainsi que la souplesse, l'agilité, la vigueur de la jeunesse, l'emportent relativement sur la loi physique de la pesanteur du corps, tandis qu'avec le déclin de l'âge, la pesanteur physique se rend de plus en plus maîtresse de l'activité vitale. Ainsi, encore, lorsqu'une simple excitation passagère vient fouetter l'organisme dans la colère, la frayeur, l'enthousiasme, l'on voit la force vitale interne se tendre et avoir un moment raison de la pesanteur spécifique.

Le fait même de la variabilité de cette relation a été d'ailleurs expérimentalement démontré par la différence constatée de poids effectif en un même sujet livré à l'exaltation hypnotique, ou revenu à son état normal. On la trouverait certainement contre l'être en vie et son cadavre. Cette force appartient donc bien en propre, comme l'Intelligence et la Volonté, à l'Ordre vital, et elle se contrebalance avec les actions ou réactions du milieu physique, soit que la force vitale triomphe des lois naturelles de la matière, soit que l'énergie matérielle l'emporte sur la force et les autres attributs spirituels de la vie qui distinguent si évidemment celle-ci de la nature seulement physique.

3º L'Instinct et l'Intelligence n'étant, au fond qu'une même chose, avec la seule différence que l'intelligence est, pour ainsi dire, d'un exercice militant et actuel, éclairant les contingences fortuites de la vie, tandis que l'instinct est une fixation mentale d'un travail sensitif et intellectuel toujours le même dans une longue suite de générations, et opérant maintenant mécaniquement sans nouveau travail réflexionnel.

4º Les progrès de l'avancement spécifique consistant en ce que chaque espèce ajoute des modifications ou des facultés nouvelles à celles qui, dans chaque lignée, limitaient le développement des espèces qui précèdent, poussant toujours plus avant l'épanouissement des sommets de l'arbre de vie, et constituant ainsi, pour chaque progrès vital, un pas nouveau joint à une complète récapitulation embryogénique de tous les degrés antérieurs. C'est ainsi, notamment, que l'embryogénie de l'être humain, le plus perfectionné des êtres terrestre et le dernier venu, traverse, à partir du début ovulaire, les états successifs de mollusque, de poisson, de reptile, d'amphibie, enfin de mammifère.

5º La symétrie remarquable de l'aspect bilatéral de tous les animaux, ayant eu pour cause déterminante des nécessités d'équilibre dans les organes externes en formation chez des êtres dont la condition était de marcher, nager ou voler, c'est-à-dire la motilité résultant d'un balancement obligatoire et régulier des formes animales. Puis, leur conformation physique particulière qui n'est jamais qu'un mécanisme dont tous les détails de charpente, de structure interne et externe, d'outillage, et jusqu'au moindre détail de physionomie, représentent toujours un résultat organique et plastique, actuel ou héréditaire, correspondant exactement à des nécessités d'existence commandées par le milieu physique, ou même moral, dans lequel s'est formé, et peut toujours se transformer, chaque type vivant.

6° Les développements et les progrès de la vie pouvant être ramenés à trois principales causes déterminantes : l'ORGANISATION en vue de laquelle meuvent et se coordonnent spontanément les unités cellulaires ; l'ADAPTATION qui incline les formations vitales en conformité des milieux ambiants et de leurs nécessités et ressources spéciales ; la SÉLECTION qui perfectionne continuellement la vie en faisant prévaloir et durer les formes et les outillages les plus aptes et les plus résistants.

· 7° La loi de subsistance qui limite le nombre des places occupables en chaque milieu et fait la concurrence vitale où triomphent les plus forts et où succombent les moins aptes et les plus faibles, dure mais nécessaire loi d'avancement vital, de même que celle du carnage des espèces se dévorant, se détruisant entre elles, se faisant sentir particulièrement aux premiers degrés de la carrière vitale où domine le principe inférieur matériel. Il est permis de croire qu'aux âges futurs l'organisation et l'entretien de la vie auront des lois plus harmoniques et pondérées, effets de plus en plus directs du Principe-Esprit.

8° La continuité de l'essor vital s'effectuant, non pas d'un même élan, mais par reprises génératives et récapitulatives des formes vivantes, témoignant ainsi, à leur tour, des oscillations de l'étreinte des deux Principes ; puis, la procréation qui en est la conséquence, se produisant d'indi-

vidu à individu par la segmentation de l'être adulte : simple
dans les formes vivantes les plus élémentaires, où un frag-
ment séparé continue de vivre à part et de croître pour se
scinder plus tard lui-même et continuer ainsi l'espèce ; compliquée chez l'être déjà assez avancé en organisation pour
que la partie ne suffise plus à reproduire un tout qui diffère
en son ensemble de cette partie, et dont la reproduction,
demande un report symétrique de sa même et complète
forme d'activité tourbillonnaire, en un germe, une graine,
un œuf qui recélera cette organisation compliquée. Une
algue, une monère, un ver se multiplient par la simple
segmentation ; telle plante se reproduira encore indiffé-
remment par une bouture ou par sa graine, mais un organisme plus avancé ne se recommence que par une entière
reprise germinative.

Bientôt même le monogénisme ne suffit plus à l'élaboration complète des germes reproducteurs, et il y a partage
sexuel et génital, simple suite d'un même acheminement
de complications organiques et nullement cette dualité de
principes mâle et femelle où l'on a cru voir une loi fondamentale et universelle.

9° Les passions naturelles provenant du tempérament fait
à chaque individu par des causes ancestrales particulières et
en conformité des lois générales et supérieures qui gouvernent
et guident la vie vers ses destinées les plus lointaines, mais
avec des différences que commande la diversité des rôles
individuels virtuellement contenus dans l'action collective.

Les passions naturelles sont des ressorts d'un ordre général et providentiel, déterminé par les voies d'avenir de l'évolution vitale, et particulièrement de l'évolution humanitaire.
Et cette impulsion, relevant de la Volonté et de l'Intelligence
universelle et intégrale, échappe à la volonté et à la raison
relatives et partielles des individus, d'autant plus que la
complexion héréditaire de chaque sujet récèle organique-
ment ses passions originelles, matériellement exprimées dans

sa constitution physique et son appareil sensitif, notamment en ses centres nerveux ganglionnaires qui se différencient toujours d'individu à individu. Toutefois, il existe aussi des impulsions subversives et de pente reversive chez les natures perverties, arriérées ou faussées ou trop exclusivement matérielles, comme il y a des organismes imparfaits, mal venus ou dévoyés. Mais ceci est l'accident et non la normale passionnelle.

La passion est essentiellement active et initiale. A elle revient l'impulsion de la vie individuelle et sociale, ainsi qu'au *sentiment*, chose supérieure à la *passion* et qui échappe de même à la *volonté* et à la *raison*, toutes relatives chez l'homme, parce que le sentiment est la voix même du principe immatériel qui est en lui. Nous parlons évidemment du sentiment pur et transcendantal, qu'il ne faut pas confondre avec les impulsions congénitales d'ordre simplement passionnel.

10° La loi d'hérédité qui, non seulement relie les filiations humaines et dote les générations nouvelles des progrès accomplis par leurs aînées, mais fait un solidaire ensemble de tout l'enchaînement vital que les formes les dernières venues et les plus accomplies de chaque lignée spécifique récapitulent en tous leurs développements successifs, en avancement sensitif et intellectuel, autant qu'en progrès organique.

11° Une même continuité du principe d'Organisation et d'expansiveté vitale qui, au delà des premières associations cellulaires, constituant plantes et animaux, va régir les groupes et associations d'individus et en former de nouveaux êtres collectifs, tels que les sociétés humaines qu'on voit soumises aux mêmes lois organisatrices que celles qui régissent les simples individus.

Ici commence cette ère ou ce règne humanitaire, dont nous avons déjà parlé, et qui, après les deux autres règnes vivants, élève à présent à une troisième puissance les opérations de la vie. Or ce nouveau degré supérieur de progression vitale, qui n'est réalisable que par les collectivités, est appelé à dépasser plus tard la simple animalisation, tout autant que l'organisation animale a dépassé l'organisation végétale. Des érections de cette troisième puissance où l'unité organique est à présent l'individu humain, s'édifient déjà depuis des siècles et ont produit des formations collectives relativement organisées, mais ne représentant encore que d'imparfaites ébauches. Toutefois, par ces premières érections élémentaires, on peut voir qu'elles suivent un ordre graduel et successif tout à fait analogue à celui des procédés antérieurs de la vie, allant du simple au composé et du pire au mieux. Les organismes sociaux jusqu'ici connus, nos grands Etats civilisés eux-mêmes, ne présentent en toute évidence que des édifications absolument primitives comme les premières formations vitales, et ébauchent à peine des organes rudimentaires comparables seulement à ceux des degrés inférieurs de la vie animale. Certainement une progressivité analogue à celle qu'ont suivie tous les développements des règnes vivants antérieurs conduira de même, degré par degré, les collectivités humaines à une élévation organique et des formations sociales d'ordre encore insoupçonné. C'est donc toujours le même mouvement ascensionnel qui se continue sous l'impulsion du même ressort et qui conduira l'homme à l'apogée de ses destinées terrestres.

12° Le tourbillonnement atomique, qui actionne jusqu'aux dernières profondeurs de notre être corporel, émettant par la seule vertu de ce tourbillonnement une agitation extérieure qui se propage dans l'océan éthéré universel, en ondes rayonnantes de même complexité et de même figure indéfiniment agrandie que la scène vitale dont elles émanent, avec toutes ses impulsions même les plus intimes et secrètes. On comprend de suite que le mouvement effectif de toutes les particules qui vibrent ou courent en l'innombrable essaim d'atomes animés qui constitue un corps vivant, agite cet océan universel de l'éther qui baigne jusqu'aux derniers interstices moléculaires des corps, et projette en conséquence au dehors des ondulations, si complexes soient-elles, comme il s'en produit dans tous les fluides qu'une cause quelconque vient secouer.

Ce rayonnement, très comparable aux émissions lumineuses qui se produisent et se croisent en tous sens et sans se confondre, explique tous les phénomènes connus du magnétisme, de la télépathie, des pressentiments même, par de lointains mais réels contacts fluidiques, susceptibles d'agir les uns sur les autres, et il est aussi, dans une certaine mesure, une force capable d'imprimer des mouvements effectifs. C'est dans cette irradiation vitale d'ordre absolument scientifique et explicable, même lorsqu'elle répercute des ébranlements cérébraux produits par la pensée, qu'il faut voir la raison de tant de mystères mal compris dont il a été si étrangement abusé, en attendant qu'ils constituent une véritable science exacte. Un jour viendra certainement où la gravitation des molécules cérébrales pourra être saisie, la lointaine répercussion fluidique de leurs mouvements étudiée, et, peut-être, les mystères de la pensée elle-même dévoilés et compris.

En attendant, après toutes les définitions qui ont été données du magnétisme, donnons aussi la nôtre qui se réduit à ce seul et propre rayonnement extérieur de tous les corps organisés, ou même de tout foyer d'activité moléculaire. La transformation universelle de toutes les ondulations : calorifiques, électriques, lumineuses, etc., les unes dans les autres, prouve assez qu'elles ne sont que des modes d'émissions de forces, d'impulsions initiales particulières, et point des fluides permanents. Il ne saurait en être autrement du magnétisme, qui réside tout entier dans l'agitation moléculaire du corps, s'irradiant en ondulations éthérées d'une portée considérable et reproduisant ainsi comme un immense fantôme semblablement animé que le foyer de vie dont il émane. Le périsprit, l'astral des Kabbalistes et des spirites, que ceux-ci croient immortel, n'est assurément pas autre chose.

Cette irradiation, avons-nous dit, crée donc autour des êtres vivants de vastes nimbes d'éther en vibration, nimbes très réels puisqu'ils ont pu être photographiés en leur partie la plus dense, des atmosphères animées, en quelque sorte, dont tout l'ensemble général rayonne autour de la planète, comme une synthèse complète de la vie dont cet astre est le théâtre.

Jusqu'où ces ondes vitales, s'irradiant dans l'espace comme la lumière, propagent-elles l'expression de la vie propre à chaque monde? Les mondes n'échangent-ils pas entre eux des effluves de vie en même temps que des rayonnements de lumière, de chaleur, etc. ?

Ces mystérieuses émanations des existences sidérales ne pourraient-elles devenir perceptibles pour nous et être scientifiquement analysées comme l'est déjà le rayon lumineux qui nous dénonce la constitution chimique et la marche même d'une étoile?

Il viendra peut-être quelque jour, le nouveau Galilée qui dirigera vers le ciel vivant l'instrument, l'agent sensitif révélateur des vies sidérales, et capable d'interpréter un faisceau d'irradiation animique, comme un simple prisme de verre vint récemment et inopinément instruire l'homme de tout ce que contenait de distribution physique un rayon polarisé de lumière astrale.

Et quels horizons nouveaux et illimités, quelles découvertes inimaginables seront possibles dès lors à la science analytique de la vie universelle ! Quelle vision prodigieuse de nos propres destinées !

DEUXIÈME PARTIE

Par tous ces détails, ne nous sommes-nous pas trop écartés de notre principal sujet, la question religieuse ?

Il était absolument indispensable d'exposer suffisamment les lois de la mécanique vitale pour établir les véritables origines de l'homme, d'un être qui fait simplement suite à la vie animale qui a précédé sa venue. Il fallait montrer que l'homme n'est que l'actuel aboutissement sommital de la vie terrestre, et non ce prince de la Création directement et soudainement sorti de toutes pièces de la main du Créateur, ainsi que le présentent les religions et les philosophies du passé. Ce que l'homme est aujourd'hui en ses races les plus avancées, il l'est devenu à travers de longues périodes de développements spécifiques, car nulle part *la nature ne fait de sauts.*

Mais ceci, il ne suffisait pas de le dire, il était de première importance pour la doctrine d'en établir la réalité et d'en fournir les preuves. Nous espérons avoir atteint ce but malgré la brièveté des exposés qui précèdent.

Il est maintenant bien visible que la vie terrestre n'est qu'une, que l'homme participe, à tous les points de vue, des mêmes conditions physiques et vitales que tout ce qui existe dans la nature, et que rien ne le soustrait aux mêmes grandes lois universelles dont la doctrine dualiste montre les véritables bases.

A présent, revenons plus directement aux côtés moraux et religieux de notre programme.

Pour commencer, d(nissons les deux termes : Morale et Religion.

Ces deux mots qu'on ccouple si communément, ces deux choses que l'on id tifie même quelquefois l'une avec l'autre, présentent cep dant une différence profonde. Nous-même en avons réuni l termes, mais avec le propos de les traiter séparément et de u cer d'abord avec précision le domaine de la morale que nou ne saurions confondre avec la question religieuse, but prii cipal de ces pages.

Bien que nous n'ayons fait qu'e fleurer à peine précédemment le point de vue organique les sociétés et le côté réellement vital des collectivités hui aines, en tant que collectivités, ce peu suffira néanmoins à établir que l'individu-homme, qui n'est que partie composante d'un être collectif qui l'englobe, obéit à des lois d'harmonie sociale plus hautes que les règles qui suffisent à sa seule personnalité.

Par lui seul, l'homme moral ne s'élève point. Par l'Être collectif, une vie plus vaste, des perspectives plus agrandies, apparaissent et descendent anoblir la personnalité qui sait s'en pénétrer. Elles s'imposent en tout cas à toutes les existences individuelles.

Le Bien de la Morale, quoique tombant indirectement sous l'empire du sentiment religieux, n'est pas ce dernier sentiment. Le Bien et le Mal n'ont de signification courante que par rapport à l'existence organique des sociétés. Toute action humaine qui milite dans le sens du développement, de l'avancement de la vie propre de l'organisme de l'Être collectif, c'est le Bien. Tout ce qui s'agite dans le sens de l'entrave, du déclin, de la dissolution de cet organisme, voilà le Mal.

Qu'on envisage n'importe quel aspect du bien comme du mal, et l'on n'y trouvera rien en dehors de cette loi naturelle d'organisation a de désorganisation sociale. es mots de droit, de devoir, de progrès, de justice, de bo e, d'honneur, de vertu, de vulgaire honnêteté même, n'ont de valeur que par rapport à la solidarité constitutionnelle de l'Être social, avec une certaine extension toutefois à la solidarité plus lointaine de toute vie terrestre ou ultra-terrestre, car tout cela relève de la même règle providentielle ; ou autrement ces mots ne sauraient avoir de signification aucune. Ces choses cessent d'exister, en effet, dès qu'on n'envisage plus que le dernier terme de la dissolution sociale, soit le simple individu détaché de tout lien collectif. Cette unité individuelle, ramenée à soi toute seule, sans plus de rapport aucun de solidarité avec les autres unités humaines, qu'aurait-elle donc à voir en dehors de ses seuls appétits et de son intérêt immédiat ? Quand il n'y a plus ni solidarité, ni finalité commune et mutuelle, il ne reste en toute logique et réalité que l'impulsion des seules tendances individuelles. Et alors, les mots de licence, de méchanceté, d'injustice, de vol, de crime, cessent d'avoir un sens, tout comme dans les degrés inférieurs de la vie animale.

Ce qu'on appelle le bien moral n'est-il donc pas tout entier dans les voies *organiques* des collectivités humaines, et le mal dans le sens contraire ou *désorganique* ? Tout est là, et à un tel point, que les notions très diverses que les hommes des différentes époques et des différentes organisations sociales ont eues, ont ou auront du bien et du mal, ont dépendu ou relèveront toujours et à tous degrés de la période et de la sorte d'organisation de la société à laquelle ils auront appartenu ; si bien que, lors des grandes transformations humanitaires, on voit l'ancienne morale décriée et combattue par les nouvelles règles en voie de s'établir.

Telle est la morale qui s'impose par les seules lois des existences collectives supérieures aux existences individuelles, et que méconnaissent les soi-disant moralistes, ennemis de la nature et ignorants de la loi du développement et de l'avancement des sociétés.

La religion, comme nous l'avons dit dès la première page de cet exposé, est un entraînement naturel au-dessus et au-delà des choses de la vie présente. Sa loi est tout autre, alors même qu'elle comprend en soi l'acquiescement aux règles de la plus exacte morale naturelle des sociétés, comme faisant partie du divin et universel programme. Néanmoins, si un cœur religieux est nécessairement moral, un esprit seulement moral peut fort bien ne pas être pénétré du sentiment religieux. Les utilitaristes, qui ne comprennent que la morale et n'ont pas d'autre religion qu'elle, prouvent bien par là le silence qui est en eux pour un sentiment plus relevé.

La morale est seulement de ce monde ; la religion est aussi de ce monde terrestre, mais surtout de son au delà.

Nous croyons qu'il est inutile d'insister davantage sur ce point capital de la différence qui existe et de la distinction qu'il y a à faire entre le sentiment de la morale et celui de la religion. Ce qui précède nous éclaire suffisamment, par exemple, pour résoudre en toute assurance la question qui va suivre, par laquelle se terminera l'examen de ce qui n'est que morale, et après quoi nous pourrons librement passer à ce qui est particulièrement religion.

En quoi consistent et comment définirons-nous les droits et les devoirs moraux qui incombent aux hommes ?

Il y a tout d'abord le droit naturel, le droit absolu qu'apporte en naissant toute créature, d'entretenir et de défendre sa propre existence par tous les moyens en son pouvoir. Cette condition, issue des fatalités de la vie, est la même pour tous les êtres vivants et ne saurait se discuter. C'est en vertu de ce droit naturel, que chaque être livre à son rang le rude combat de la vie nécessité, au milieu du chaos vital qui règne encore, par une nature ingrate et une concurrence impitoyable qui opposent les uns aux autres tous ces droits individuels entre lesquels la force vient décider.

L'homme à l'état sauvage ne connaît pas d'autre droit,

et ce n'est que lorsque apparaît l'état social, même en son aspect le plus rudimentaire, que commencent à naître une autre forme de droit humain, moins exclusive, et, en même temps, des devoirs qui accompagnent ce nouveau droit et ont la même origine que lui.

Le rapprochement que l'on a coutume de faire de ces deux mots : droit et devoir, indique déjà que, dans les esprits, droits et devoirs sont choses corrélatives, comme elles le sont en effet, et signale une réciprocité naturelle entre les hommes vivant en société, car c'est d'un réel, bien que tacite contrat, plus ou moins consciemment compris, que naissent les droits et les devoirs mutuellement consentis. Aucun homme en effet ne saurait nier la nécessité d'une certaine retenue de ses appétits et de sa liberté naturelle d'action, ou bien leur libre exercice, dans les limites d'une équitable conciliation avec les mêmes impulsions existant chez les autres membres de la société, et ajoutons aussi, dans la mesure des degrés hiérarchiques qui harmonisent l'organisme social.

Telle est la limite légitime des droits et des devoirs issus des nécessités les plus justes dans l'existence collective des peuples, tel est le droit social, base de la législation et de la morale.

On comprend que, dans ce dernier examen des origines légitimes du droit social, nous n'avons entendu faire rien autre chose qu'analyser des causes vraies et des principes justes en eux-mêmes, sans prétendre mettre en jeu une initiative et une entente voulue d'homme dressant entre eux un contrat effectif. Ici, comme en presque toute situation, l'homme subit bien plus qu'il ne commande. Au-dessus de son libre arbitre, règne le cours des destinées vitales et humanitaires avec l'immanence de leurs lois supérieures qui président à la vie propre des grands organismes collectifs que sont les sociétés.

En outre, reconnaître et comprendre que de la seule société naissent les règles du droit, c'est reconnaître en même temps combien cette notion est variable selon la forme et le degré d'avancement des diverses collectivités humaines. Le passé et le présent de l'humanité montrent assez, en effet, par les considérables différences des codes et des mœurs, cette relation directe entre le genre de constitution de l'Être social, et les droits et devoirs que chaque organisation particulière des sociétés impose aux individus qui en font partie.

En somme, nous revenons aux mêmes causes qui nous ont précédemment montré l'origine de la morale ; car, qu'est la morale, sinon le sentiment et l'exercice des droits et devoirs de chacun, avec tout le relatif des changements continuellement apportés dans l'évolution et les transformations des sociétés humaines?

Toutefois la définition que nous venons de donner, bien que rigoureusement exacte dans la pratique du droit et de la morale, selon les temps et les lieux, ne serait pas complète si nous ne tenions pas compte aussi des lois supérieures encore de l'avancement humanitaire qui, nonobstant les alternatives d'élévation et de décadence des sociétés, va vers un apogée de perfection, et qui fait que ce haut sentiment de solidarité tend toujours à dépasser l'application précise des nécessités commandées par l'état social présent. I' devance donc celui-ci, du moins en l'élite morale et dirigeante de l'humanité, tel qu'un ressort de supérieure impulsion.

Plus haut encore est le sentiment de bonté, l'esprit de dévouement et de sacrifice qui témoigne déjà par l'exemple des âmes le plus en avance sur les autres, d'un but de solidarité et d'union humanitaires parfaites qui sera la règle générale et heureuse de l'avenir, comme en l'ingrat milieu actuel, il n'est qu'une exception tout au matériel préjudice, d'ailleurs, de ceux qui possèdent cette supériorité morale.

Avec ces derniers élans ultra-moraux, nous touchons à un autre ordre d'impulsion naturelle ; nous entrons en contact déjà avec le sentiment religieux proprement dit, fait de fusion universelle, d'essor vers l'absolue perfection et d'aspirations surhumaines et supra-terrestres, sentiment que nous verrons prendre consistance et s'élever lui aussi de plus en plus, à mesure que s'accomplira le développement intellectuel et sentimental des peuples qui, tour à tour, représentent la tête de l'humanité.

De même que nous avons établi d'abord la dualité de l'Esprit et de la Matière, donnons à présent les raisons qui ne nous permettent pas dé douter de la réelle dualité du corps et de l'âme.

Nous avons déjà fait cette remarque importante que l'intelligence, la mémoire, le sentiment, restent les mêmes en notre être, bien que sa substance corporelle ne cesse pourtant d'être continuellement échangée contre d'autre substance. La matière corporelle est donc autre chose que le moi qui pense et qui sent.

Avant que ce fait scientifique eût été expérimentalement reconnu, Descartes avait dit : « Quoique j'aie un corps auquel je suis étroitement uni, j'ai, d'une part, une idée claire et distincte de moi-même en tant que je suis seulement une chose qui pense et non étendue; et, d'autre part, j'ai une idée distincte du corps en ce qu'il est seulement une chose étendue qui ne pense pas. Il est donc certain que moi, c'est-à-dire mon âme, est complètement et distinctement différente de mon corps, et qu'elle peut être ou exister sans lui. »

Bien qu'après les aperçus que nous avons donnés sur la constitution des corps vivants, véritables collectivités u'organismes animés par eux-mêmes, notre corps ne doive pas être considéré comme une simple masse de pure matière, il n'en reste pas moins que l'ensemble de sa consistance physique est matière, et que le ressort spirituel supérieur, synthèse de cet ensemble animé, est l'âme de ce corps faite de principe spirituel, comme les atomes physiques réunis dans le tourbillon de notre être tangible sont faits de principe matériel.

Quant à l'argument des sensualistes : Condillac, Vogt, Buchner, Moleschot, etc., pour lesquels la faculté sensitive est tout l'être pensant qui fait le moi, en vertu de l'antique aphorisme qu'ils se sont approprié : « Il n'y a rien dans l'entendement qui n'ait été premièrement dans le sens » — et alors comment la pensée de Dieu, de l'infini, a-t-elle pu naître des sens ? — ou qui même professent « que le cerveau sécrète la pensée comme le foie la bile ; et les reins l'urine » ; ceux-là, avec leurs pauvres raisons, ne sont que des myopes volontaires qui n'ont regardé que jusqu'à mi-chemin de la vérité. S'ils eussent cherché plus loin, ils se fussent aperçu que l'attribut sensitif n'est que relation entre le dehors et le dedans de l'être, et que les organes construits pour une fonction vitale ne sont pas plus cause première de la fonction, qu'un mécanisme applicatif du principe de force n'est la force elle-même, qu'une machine électrique, par exemple, ne crée l'électricité.

D'autre part, la science a démontré qu'il n'y a pas, dans la vie actuelle, de génération réellement spontanée ; que nulle part, aucun agencement fortuit de pure matière ne s'anime spontanément des attributs de la vie, et l'on sait du reste qu'un corps dont la vie s'est enfuie ne saurait la recouvrer, pour si sain et si intégral que soit resté le cadavre.

La chimie sait ce que sont et que deviendront tous les éléments de cette matière naguère animée qui va être rendue à la circulation physique universelle. Mais elle sait également qu'aucune réunion artificielle des mêmes éléments n'arrivera à produire une substance organique. Comment le principe de vie pourrait-il donc être inhérent à la matière, ou comment, en l'univers où tout se transforme, mais rien ne s'anéantit, aurait pu s'annuler le principe qui animait un tourbillon d'atomes, et qui a cessé de l'animer ?

Lorsqu'à l'heure de la mort, tandis que l'être corporel a perdu tout ressort, l'on voit se ranimer avec énergie chez un mourant les facultés de la mémoire, de la volonté, du sentiment, cette manifestation suprême est-elle donc celle d'une matière déjà inerte, ou n'est-elle pas plutôt la lucidité, l'entité spirituelle d'une âme rompant ses liens charnels et reprenant sa pure immatérialité ?

C'est bien la même dualité d'esprit et de matière qui se constate dans l'être vivant, que dans la naissance, l'évolution et la dissolution des mondes, théâtres d'un passager alliage de Principe spirituel et de Principe matériel, où le premier seul a l'initiative et la puissance de former cette union, sans être jamais lui-même évoqué par le seul pouvoir matériel.

Nous avons en effet montré : par la filiation, générative ininterrompue de tout l'ensemble de la vie terrestre ; par la séparation absolue de l'organique et de l'inorganique ; par l'inexistence actuelle d'animation spontanée, que le Principe spirituel, manifesté dans la poussée vitale, dans les âmes qui animent les corps, est un seul tout sans solution de continuité, n'apparaissant et ne se communiquant qu'en se faisant, pour ainsi dire, suite à lui-même sans interruption aucune, que c'est partout et toujours l'ESPRIT.

Les matériaux corporels, au contraire, se fractionnent, s'ajoutent, s'isolent, se changent, s'animent passivement, se désaniment de même, sont enfin la MATIÈRE.

Que dirons-nous de la personnalité et de l'immortalité de l'âme ?

Le principe spirituel qui anime notre être est nécessairement immortel. Tout ce qui précède, dans ce travail, n'a fait qu'établir avec évidence l'immortalité de l'âme, éternelle comme sa divine source.

Toutefois cette immortalité ne saurait avoir le caractère de personnalité isolée qui lui attribue une compréhension incomplète de la vie. Ce qui est vrai, et encore temporairement, au point de vue de l'ensemble et de la continuité de la vie terrestre, ne l'est plus de l'individualité momentanée de

4

ses foyers innombrables et continuellement renouvelés.

Il y a, au cours de l'évolution terrestre, de continuelles éclosions vitales de diverses puissances, dont la plus grande élévation se réalise en l'espèce humaine. Il y a des filiations organiques reproduisant des particularités ataviques, une hérédité, une suite ancestrale; il y a un bouillonnement incessant d'éruptions vitales où se reflètent les différentes phases du graduel retour du Principe spirituel vers son entité pure; il y a un unitéisme de vie terrestre aspirant à se réunir à l'Ame universelle. Mais point ces âmes ou monades humaines, animales ou végétales, allant et venant du monde visible au monde invisible, en gardant leur intégralité; point de métempsycoses individuelles, d'âmes tantôt désincarnées, tantôt recherchant — on se demande comment et à quels instants — une incarnation nouvelle.

L'esprit universel ne se divise pas en monades spirituelles distinctes, comme le principe matériel en atomes. L'esprit n'est pas une chose qui se fractionne, et c'est pourquoi il est virtuellement entier dans la partie, comme la partie est dans l'intégralité spirituelle.

Le passé et l'avenir de nos âmes terrestres n'en est pas moins toutefois très réel, mais il est dans la filiation familiale, dans la race, l'espèce, la vie, prises dans tout leur ensemble passé, présent et futur.

Il suffirait au besoin du fait indéniable et universellement constaté de l'hérédité ancestrale chez les hommes et les animaux, pour prouver qu'il ne saurait y avoir, dans cette continuité des caractères moraux et matériels des progéniteurs dans leur descendance, un assemblage d'âmes similaires dû simplement au hasard.

Le tableau synthétique des formes revêtues et des phases organiques traversées par tous les foyers de vie, sur toute l'échelle terrestre, tel que nous avons pu l'entrevoir précédemment, ne laisse plus aucune place à ces primitives et, après tout, très compréhensibles et tentantes illusions, à ces réincarnations individuelles, ascendantes ou descendantes.

qu'il remplace par la grande et saine notion du seul Esprit, de l'unitéisme de la vie terrestre remontant, degré par degré, vers sa source immatérielle suprême.

L'Être spirituel qui anime l'être corporel fait autant partie de l'Être suprême universel que sa substance corporelle fait partie de l'universelle matière. En toutes ces manifestations, le principe de vie se montre doué des mêmes attributs d'intelligence, de volonté et de force qui sont ceux du premier des deux grands principes éternels. Cette réalité est telle qu'elle s'est de tout temps imposée à l'entendement humain, même lorsque des vues incomplètes ou un esprit de système la lui font interpréter faussement.

Sa négation même ne contient-elle pas implicitement la pensée de cette dualité qu'elle prétend unifier ?

On le voit bien lorsque, par exemple, un certain panthéisme identifie dans les mêmes attributs et en un même moi, l'esprit avec la matière ou la matière avec l'esprit — et disons en passant que le dualisme absolument spiritualiste et déiste, est le contraire de ce panthéisme-là — ; ou encore dans cette conception des monades où Leibnitz, le plus marquant des négateurs modernes de la matière, voit des émanations divines où tout est force, pensée et désir.

La vérité a été également méconnue, lorsque, par ignorance du véritable mécanisme de la vie, on a cru voir dans l'activité organique une sorte d'existence distincte et intermédiaire entre l'être spirituel et la pure matière, soit d'abord l'âme, puis l'archée, et enfin le corps, croyance qui, sous d'autres noms, était déjà celle des anciens Egyptiens.

Or esprit, archée, moi, monades, tout cela n'est qu'une seule et même chose, l'âme qui est en l'Être spirituel, comme la substance corporelle qu'elle anime est en l'Être matériel, et avec ses mêmes attributs, répétons-nous, d'*Intelligence* manifestée en tout ce qui vit ; de *Volonté* plus ou moins initiatrice des faits d'existence individuelle et source du *libre arbitre* limité mais pas moins réel ; de *Force* qui, spontanément, meut le corps animé sous l'injonction de la Volonté, et s'exerce encore au delà sur les objets.

Telle est l'âme ou principe spirituel de tous les êtres doués de vie, et que nous identifions avec l'Ame universelle et éternelle, sans qu'il soit besoin de voir dans ces êtres différents autre chose qu'une hiérarchie graduelle et successive des formes que revêt la vie terrestre, dont l'avancement consiste en une synthèse vitale de plus en plus élevée, en une manifestation de plus en plus épurée du principe spirituel allié à la matière.

Nos âmes humaines sont ici-bas les étapes les plus rapprochées du but qui est la réunion, la fusion en l'immortelle et immatérielle divinité du Principe universel suprême où se confond et se distend à l'infini, *mais sans anéantissement,* cette personnalité circonstancielle, reflet plus ou moins pur et conscient déjà de tout l'Être universel ; plus que reflet, l'Être lui-même, mais terni et troublé par l'étreinte de matière qui est sa condition dans notre milieu terrestre.

C'est ainsi seulement qui doivent se comprendre la personnalité et l'immortalité de l'âme humaine.

Quelle place occupe le sentiment religieux dans l'évolution des sociétés ?

C'est surtout ici que l'exposé physique et biologique par lequel nous avons commencé devient essentiel. On a déjà touché du doigt, pour ainsi dire, les origines animales de l'être humain, et l'on a compris en toute certitude que notre espèce ne diffère des autres formes vivantes que par un degré supérieur d'élévation. Elle représente le sommet actuel de l'ascension graduelle et continue de la vie terrestre, et rien de plus, en tant que principe originel. Nous voici donc sortis de cet anthropomorphisme exclusif qui, jusqu'ici, a dominé l'esprit des religions et des philosophies. Il reste définitivement entendu que c'est la vie ter-

restre elle-même, et tout entière, qui se résume dans
l'homme; et que l'esprit religieux nouveau envisage, non
le devenir d'un seul être privilégié, mais tout l'élan de
la vie intégrale vers le pur principe spirituel dont elle
relève, élan devenu conscient seulement, il est vrai, au
seul degré d'épurement spirituel qui a commencé de se
manifester chez le plus perfectionné des êtres terrestres.
Or cela est si vrai, que dans l'espèce elle-même, les premiers commencements ne comptent pas, pour ainsi dire, au
point de vue que nous envisageons. Pour l'anthropoïde
préhistorique, par exemple. Ce n'est qu'après avancement
et progrès que commence à briller cette lueur de conscience
spirituelle d'où naîtra le sentiment religieux. Nous ne pouvons donc considérer les manifestations de ce sentiment
qu'à partir d'un certain échelon de l'évolution humanitaire.

La notion du divin, chez les différents peuples, se pro-
portionne au degré d'élévation mentale et sentimentale des
races, des temps et des individus, surtout ce dernier don
naturel de sentiment que ne saurait jamais remplacer une
mentalité et une éducation avancées, mais trop souvent
exclusives et tournées du seul côté de l'intérêt matériel.
Une culture primitive peut s'éclairer d'une intuition très
vive de l'origine et du but ultra-terrestres de notre être, et
des connaissances relatives, au contraire, émousser en
partie cette intuition innée. Mais, en général, les grands
mouvements de l'évolution humanitaire ont toujours été
accompagnés ou plutôt précédés d'une conception plus large
de l'Être, et d'une recrudescence du sentiment religieux.

La Perse, l'Inde, l'Égypte, la Grèce, Rome, dans l'antiquité, ont progressé en parallèle avec le développement de
leurs divers cultes, l'Inde ancienne surtout où l'évolution,
continuée plusieurs mille ans sans cataclysme interrupteur,
a fourni l'exemple d'un développement graduel et suivi,
depuis le fétichisme de ses peuplades primitives et les successifs avatars toujours plus parfaits de la divinité conçue,

jusqu'à l'idée pure de l'essence divine immatérielle et éternelle.

Par contre, la décadence du monde romain suivit de près le discrédit et la confusion de ces divers cultes tombés dans l'abandon. Mais, lorsqu'un essor nouveau vint réédifier une autre société sur les ruines de l'empire redevenu barbare, ce fut sous l'impulsion d'une foi supérieure au paganisme, de la foi chrétienne, mère du monde civilisé d'aujourd'hui.

C'est donc un fait rigoureusement historique et expérimental que celui de l'existence immanente et du mouvement ininterrompu du sentiment religieux dans l'humanité. Or, une aussi universelle et constante manifestation d'un tel sentiment, en tous temps et en tous lieux, ne saurait être sans cause positive et sans objet réel. Quelque nom que l'on donne à cet objet : Divinité, Être suprême, Ame universelle, sa croyance s'est toujours imposée à l'esprit humain, comme la plus grande des vérités naturelles.

Passons rapidement en revue les diverses conceptions que se sont faites de la divinité les époques antérieures à la venue du christianisme.

On compte environ un millier de religions, ayant existé ou existant actuellement dans le monde.

Rien que ce nombre prouve déjà le vague et l'incertain de la croyance humaine, mais en même temps, ne démontre-t-il pas avec d'autant plus de force l'indéniable présence dans l'esprit et le cœur de l'homme d'un sentiment ayant impérieusement besoin d'expression et de manifestation sous une forme quelconque ?

Il ne saurait être ici question d'examiner tant de cultes différents, mais nous essaierons de présenter un court résumé de ces formes diverses de la croyance des peuples, ainsi que les hautes formules de foi divine que nous ont laissées les plus sublimes intelligences de tous les temps.

Voulant d'abord mettre hors de conteste la réalité du sentiment religieux, avant de passer à son expression nouvelle, nous ne saurions trop avancer de preuves de sa présence constante, aussi bien dans les âmes les plus simples que chez les plus grands génies. Nous verrons en même temps que, de soi-même, il ressort des diverses expressions données à ce sentiment, une conformité réelle, ou tout au moins une adaptation naturelle à la vérité dualiste que nous affirmons.

On peut déjà, sans entrer dans les détails, mentionner en bloc les religions fétichistes. Toutes ont le même caractère d'enfantine vénération pour de simples objets auxquels est attribuée une puissance mystérieuse. C'est le premier pas, faux pas, si l'on veut, de cet instinct du surnaturel qui, même lorsqu'il erre, place déjà l'être qui le ressent au-dessus de l'animal uniquement sollicité par des besoins ou des instincts matériels. Incapable de raisonner son impulsion, de l'élever à sa véritable hauteur, le sauvage la subit étonné, et son fétiche n'est, en quelque sorte, que le prétexte, la matérialisation nécessaire à son grossier intellect, du pouvoir inconnu qui le trouble et l'attire.

Viennent ensuite les grandes religions sabéistes, les plus compréhensibles de toutes au premier abord. Quoi de plus naturel que cet hommage spontané rendu au dieu-soleil surtout, foyer de lumière, de chaleur et de vie, joie de la terre et gloire des cieux ? Aussi, la première astronomie ne fut-elle qu'admiration et culte des astres, de ces êtres supérieurs dont la marche céleste faisait la lumière ou les ténèbres, réglait les saisons, gouvernait la nature entière.

Le sabéisme a été le culte le plus universel. Toute l'humanité, durant d'incalculables périodes préhistoriques, le pratiqua et n'en eut pas d'autre. Tout peuple connu a une mythologie primitive dont les dieux sont toujours les corps célestes ou des personnifications des astres et des phénomènes de la nature. Et la trace laissée dans l'esprit humain par une si longue pratique du pur sabéisme est tellement ineffaçable, qu'après s'être reflétée dans tous les polythéismes, elle se retrouve encore, tout au moins à l'état de symboles, dans les rites monothéistes eux-mêmes qui, tels que le christianisme, gardent des fêtes, des cérémonies et des emblèmes entièrement figuratifs des choses du ciel visible.

Dans ce culte des astres et des grands spectacles de la nature, il y a eu, par rapport au fétichisme, élévation relative de l'objet de l'adoration humaine. La compréhension d'une cause plus haute et d'un être plus abstrait ne viendra que plus tard s'imposer à l'intelligence toujours grandissante de l'espèce. Mais, de la plus incertaine à la plus claire notion d'une puissance suprême, de laquelle nous dépendons tout entier, c'est un seul et même sentiment fait de trouble, d'admiration, d'attirance, qui éclot, grandit et s'élève de plus en plus, et qui n'attend aujourd'hui qu'une impulsion nouvelle pour s'élever encore.

Le culte des astres, considérés en eux-mêmes comme puissance supérieure ou divine, devait nécessairement faire place à une notion plus élevée de Cause universelle, d'Être primordial, maître et ordonnateur suprême de ces globes célestes ramenés dès lors à leur réalité d'objets matériels.

Nous pourrions cependant ajouter à ceci que les astres ne sont pas que matière, qu'ils représentent autant de scènes où agit, comme en notre propre planète, le dualisme des deux principes, et qu'une attraction naturelle relie certainement entre eux ces globes, en gravitation spirituelle autant que matérielle, qui fait que l'élan sabéiste mérite ainsi davantage le nom de religion. C'est un premier échelon spirituel vers l'attraction et la notion supérieure de l'Être intégral.

Or, dès une antiquité très reculée, ce pas considérable de de la notion de Cause suprême intégrale, invisible, de Pouvoir, initial et déterminant de tout ce qui s'agite en l'Univers a été franchi. Une élite intellectuelle, sans se séparer

ouvertement du vulgaire et tout en lui laissant le culte
public de ses dieux traditionnels, institua, chez les grands
peuples de l'ancien monde, un enseignement supérieur et
réservé dont les initiés connurent et adorèrent le Dieu
caché, le Dieu-Esprit. Platon ne disait-il pas clairement que
la religion du peuple n'était que l'exotérisme d'un culte plus
haut connu seulement d'un petit nombre de privilégiés ?

De ce Dieu-Esprit, de cette croyance ésotérique plus pure,
voyons ce que disent à leur tour les livres sacrés dont la
connaissance a pu parvenir jusqu'à nous.

La cosmogonie persane du *Zend-Avesta* est dualiste,
bien qu'au-dessus de ce dualisme elle nomme un principe
supérieur à cette dualité, l'éternel ZERVANE AKÉRÈNE.

Tout, dans le mazdéisme ou magisme se ramène à deux
principes opposés et primitifs : Lumières et Ténèbres, Bien
et Mal, personnifiés dans ORMUZD et AHRIMANE.

Au commencement était le monde spirituel. Vint ensuite
le monde matériel accompli par Ormuzd en six époques.
Un temps viendra où Ahrimane sera définitivement vaincu
par Ormuzd en qui tout fusionnera.

Le Parsisme, la religion du peuple, se traduisait en adoration des astres et du feu.

La cosmogonie indienne primitive du Rig-Véda, dualiste
également, présente une des plus grandioses images qui
aient été décrites en langage hiératique : Lui respirait seul,
seul avec ELLE soutenue par LUI dans son sein. Cette union
était indistincte, mais fut enfin organisée par le premier
désir qui fut formé dans SON intelligence et qui devint
semence d'âmes sensibles et de matière ou éléments. ELLE
fut la partie inférieure, et LUI, qui observe, fut la partie
supérieure.

Comme culte populaire, la religion brahmanique a l'aspect
d'un polythéisme naturaliste avec d'innombrables personnifications divines, et à leur tête :

BRAHMA, première émanation divine ;

VISCHNOU, conservateur, incarnation de Brahma, et qui a de nombreux avatars, entre autres, en CRICHNA et en ÇAKYA-MOUNI, fondateur au vᵉ siècle avant J.-C. du *Bouddhisme ;*

SIVA, troisième grand Dieu, figurant le pouvoir rénovateur.

Le suprême devenir, après les renaissances et les luttes de l'Esprit pour se dégager de la Matière, est dans sa fusion finale en l'Être Universel, dans le *Nirvâna* où l'âme humaine cesse d'avoir conscience d'elle-même, tout entière abîmée dans le sein infini de Brahma.

Comme chez les Perses, un principe primordial domine Brahma lui-même. C'est BRAHM, cause impérissable de tout ce qui existe en l'Univers, lequel ne fait qu'un avec Brahm.

Un nom à retenir, dans le panthéon brahmanique, est celui de DYAUS, diade de l'Ame du Ciel et de l'âme de la Terre, conception antérieure à la trinité védique, et première étymologie sanscrite du nom même de Dieu.

L'Inde et la Perse, ramifications jumelles de la race aryenne, ont vu éclore simultanément la plus haute conception que le monde antique ait eue de la divinité et des fins ultra-matérielles de l'âme humaine. Dans l'expression déjà si ancienne de la vérité spirituelle et matérielle à la fois de l'Univers, nous avons la pensée et le sentiment de la première des races, de ces Aryas, ancêtres aussi des peuples de l'Europe, de cette famille humaine qui a fourni les plus hauts sommets intellectuels par lesquels se mesure le mouvement grandissant de la pensée, à travers les âges. Cette hauteur de conception et cette pureté de sentiment n'a pas été égalée par les peuples des autres races.

Continuons notre rapide exposé et passons à l'Egypte. Ici nous trouvons encore, quoique moins primordialement placés, ces deux Principes Eternels figurés par Osiris, génie de la lumière et du bien, et Tiphon, génie des ténèbres et du mal, qui n'apparaissent que postérieurement à la création au-dessus de laquelle préexistait de toute éternité l'Être absolu, incorporel, infini et irrévélé Pironi.

Au commencement, disent les livres d'Hermès, était l'infini des ténèbres et des eaux au milieu desquelles brilla soudain, comme un rayon sacré, le Démiurge créateur sans commencement ni fin, *Kneph* à la fois mâle et femelle. Le Démiurge se révèle en trois personnes : *Ammon*, la puissance qui conçoit les modèles des choses ; *Phia*, la sagesse et l'éternel ouvrier qui réalise les idées premières ; *Osiris*, l'auteur de tout bien et la source de toute vie.

Le culte visible s'adresse principalement au roi des astres : *Ra, Osiris, Ammon ;* c'est toujours le soleil. Ajoutons que l'Egypte ancienne a le sentiment du dualisme spirituel et matériel dans la personne de l'homme, et voit une lutte entre l'intelligence et le corps. L'homme est fait : 1° d'une intelligence, *Khou*, laquelle se rattache à la nature divine ; 2° d'une âme, *Ba*, qui enveloppe l'intelligence ; 3° de matière, *Khat*. Entre la matière et l'âme intervint le souffle *Nivou*.

L'Egypte a été visiblement influencée par l'Inde, et il y a eu chez elle aussi un exotérisme populaire et un ésotérisme réservé où la grande doctrine indienne se retrouve en partie. Nous allons précisément reconnaître dans la cosmogonie de Moïse un dévoilement de l'initiation de cette doctrine dont avait été l'objet évidemment le législateur des Hébreux·

La Genèse biblique débute à peu près comme celle d'Hermès : Les ténèbres couvraient la face de l'abîme, et l'esprit de Dieu planait sur les eaux... Au commencement, Dieu créa le Ciel et la Terre... Que la lumière soit, et la lumière fut, etc. Les six jours enfin ou les six périodes connues se terminant par la création de l'homme que Dieu fait à son image et ressemblance.

Ici, Moïse reproduit moins complètement, mais avec leurs

mêmes noms d'Adam et d'Eve (Adima et Heva), et dans un semblable Eden, la genèse des livres védiques, et il ne saurait faire de doute que la priorité en date appartient à ces derniers. Toutefois, les emprunts s'arrêtent là, et *Javeh* ou *Jehovah*, le Dieu d'Abraham, d'Isaac et de Moïse n'est plus le Brahma universel ni l'Ormuzd bienfaisant des Aryas. Le monothéisme de l'Ancien Testament n'est pas non plus l'idéal du Dieu Créateur unique et universel qu'il devient plus tard dans le Nouveau. Javeh n'est qu'un dieu national et exclusif, le seul *Elohim* ou *Adonaï* du peuple hébreu, le despote jaloux et ennemi cruel des nations environnantes. La hauteur de conception divine que nous avons admirée jusqu'ici cesse chez les sémites, dont l'essor religieux est fait avant tout de crainte et de convoitises présentes et futures, toutes passionelles et matérielles.

Les autres anciens cultes sémitiques : Chaldéen, Assyrien, Phénicien, ont entre eux de grands points de ressemblance où se reconnaît une même idée cosmogonique fondamentale, celle d'une puissance souveraine et arbitraire d'un roi ou d'une reine des cieux : *Bel* nommé aussi *Moloch*, et *Mylita* ou *Astarté*, c'est-à-dire le soleil et la lune directement ou figurativement adorés. A Moloch étaient immolées des victimes humaines. Sa statue de métal contenait une cavité où l'on jetait en sacrifice des enfants qu'un brasier sous-adjacent dévorait. Le culte d'Astarté était tout voluptueux.

Contemporainement aux plus anciens cultes que nous venons de rappeler, l'Asie Orientale connut de son coté un sabéisme devenu plus tard panthéisme, puis simple morale philosophique. Le *Y. King* (livre par excellence), le plus ancien monument écrit de la croyance chinoise, servit de base à l'enseignement de Kong-Tseu (Confucius), plus moral d'ailleurs que religieux.

D'autre part, Lao-Tseu fonda le Taoisme, doctrine de

l'identité de l'être et du néant, mais qui, dans la pra ique, est devenu une sorte de fétichisme.

En somme, idéal religieux peu élevé aussi, et qu'ont remplacé des sectes bouddhiques, aujourd'hui dominantes en Chine, au Thibet et au Japon,

Il faut arriver aux Européens, même à leurs nations barbares, pour retrouver cet idéal ultra-matériel, cet au delà des Aryens.

La Grèce, dans Hésiode, nous présente, tel qu'un magnifique poème, un long et fécond enfantement de dieux et de déesses tous originairement issus du *Chaos* dont *Eros* (l'Amour) fit sortir successivement *Erebos* (la nuit) et *Héméra* (le jour) *Gaca* (la terre) et *Uranos* (le ciel).

Viendront ensuite *Saturne*, *Jupiter*, *Neptune*, *Pluton*, toutes les divinités de l'Olympe et du Tartare, toute la brillante mythologie hellénique.

Là encore, le sabéisme primitif garde une première place très apparente et offre un luxe de personnifications et d'emblèmes répondant aux besoins passionnels et artistiques d'un peuple d'élite.

Ce peuple put toutefois, comme les autres, s'en tenir, dans ses temples, au culte effectif de ses dieux Mais la pensée supérieure, la croyance en Dieu-Esprit n'était nullement absente, En des sanctuaires fermés aux profanes s'enseignaient et se célébraient des mystères plus conformes à l'éternelle et universelle vérité.

D'ailleurs, parallèlement aux choses du culte et en dehors du polythéisme d'Hésiode et d'Homère, cette pensée supérieure non voilée éclate dans l'enseignement des grands philosophes grecs.

L'école Ionique, avec Thalès, à la place de l'action des dieux, comprend une âme qui fait la vie, et une matière que cette âme sensibilise.

Pythagore, pénétrant plus avant dans l'abstrait, dans le mystère universel, conçoit la loi d'harmonie se formulant

en des virtualités numériques créatrices des formes, dans
des répétitions ordonnées de l'unité, monade fondamentale
dont sont construits tous les êtres matériels ou vivants, lesquels sont ainsi des *nombres de Dieu*. Le bien n'est que
dans l'harmonie.

Zénon d'Elée ramène toute la réalité de l'Univers à l'intelligence comme substance unique; il affirme l'unité de
toutes les lois physiques, mathématiques et morales dans
une raison supérieure et éternelle qui fait le panthéisme
fataliste des Eléates, les premiers négateurs de la matière.

Héraclite voit toute chose changer perpétuellement et
s'écouler comme l'eau d'un fleuve. Rien ne persiste, rien ne
saurait se maintenir, sauf l'Intelligence, non l'insuffisante
raison de l'homme, mais la Raison universelle intégrale.

Leucippe, contrairement aux Eléates, ne reconnaît que
la matière, les atomes impérissables mus dans le vide infini.
L'âme elle-même n'est qu'une agrégation d'atomes ronds.

Empédocle distinguait particulièrement le monde sensible
et le monde intelligible, qu'il identifiait avec Dieu. Anaxa-
gore a affirmé plus nettement encore le dualisme des deux
principes : matière éternelle, et principe ordonnateur éternel.
Sa formule : l'*Ame éternelle*, mais *non immortelle*, est dans
sa concision, et le sens prêté au mot IMMORTEL, la meilleure
définition qui puisse être donnée de l'actuelle individualité
humaine.

Socrate et Platon sont, parmi les purs philosophes, ceux
qui se sont le plus approchés de la contemplation du divin,
en dirigeant l'esprit de l'homme vers la source intérieure
d'où dérive toute notion, toute croyance, vers son âme elle-
même, dont les déterminations ne sauraient s'expliquer par
les mêmes lois que celles qui régissent le monde physique.
Pour Socrate, l'âme est semblable à Dieu. Avec Platon, le
dualisme se précise en des termes d'une force saisissante :
« Un démiurge *limité par la matière*, un architecte opérant
sur des matériaux *qu'il n'a pas créés, et qu'il ne saurait
anéantir* ».

Les autres philosophes grecs, qui s'attachent à des côtés plus particulièrement moraux ou scientifiques, nous occuperont moins. Tels Démocrite, Pyrrhon, Timon, qui professent l'atomisme et s'abstiennent de recherches sur la notion des causes. Le phénomène sensible est tout ce qui les occupe. Ils érigent en principe le doute philosophique et même scientifique.

Aristote, qui a tenu une si grande place dans le monde des écoles jusqu'à la fin du moyen âge, résume les préjugés scientifiques de l'antiquité basés sur les quatre éléments: terre, eau, air et feu. Sa philosophie combat le fatalisme, le *fatum* de ses contemporains, et il soutient à la place le contingent, la notion des possibles, pouvant être ou n'être pas. Il ne veut s'attacher qu'à l'observation directe et à l'expérience, mais il proclame Dieu qui est l'Intelligence pure et l'immobile moteur du mouvement universel.

Zénon de Chypre et les stoïciens sont de nobles caractères exaltant la nature humaine, mais ayant une idée peu élevée de l'âme, qu'ils font périssable comme le corps. Ils reconnaissent deux principes éternels : l'un passif, la matière; l'autre actif, le principe plastique ou Dieu, qui ne fait qu'un avec l'univers. Ils professent le dualisme de la matière et de la force, du corps et du mouvement, et l'homme, assemblage de ces deux parties, les rendra, à sa mort, à leurs origines respectives.

Dans une école opposée, celle des épicuriens, d'une morale plus indulgente, et qui enseignait que le plaisir est le souverain bien, il y a peu de souci de l'âme, qu'ils jugent de nature corporelle, et les faits de la sensation, pour eux, sont les seuls qui comptent. Leur chef, Epicure, reprend la théorie de Démocrite sur la réalité atomique et l'éternité de la matière.

En somme générale, dans la philosophie grecque, qui n'a laissé inexploré aucun des aspects sous lesquels se peut envisager le problème de la nature, on voit dominer la notion de l'*Esprit* et de la *Matière* s'unissant, mais sans se confondre, dans le Cosmos éternel.

Le développement relatif que nous venons de donner à la cosmogonie et à la philosophie grecques, nous dispense de nous étendre sur la philosophie et la religion des Romains fort peu différentes. Le récit que fait Ovide de la croyance des anciens Latins sur l'origine du monde, ne s'éloigne pas beaucoup du tableau chaotique d'Hésiode, et les dieux romains ou grecs ne forment qu'un même panthéon. Quant à la philosophie des Cicéron, des Lucrèce, des Sénèque, etc., elle n'est que l'imitatrice ou l'émule de celle des Grecs.

Passer de la civilisation grecque à la barbarie de l'Europe centrale et occidentale contemporaine est du recul. Mais il n'est pas indifférent de mentionner tout au moins cette *Intelligence invisible* qui, pour les Germains, a présidé à la formation du monde et l'a surveillée, et cette croyance absolue des Celtes en une vie future, ainsi que le réel dualisme de l'esprit et de la matière qui s'enseignait chez les druides, reflets très affaiblis sans doute, mais non moins persistants, chez ces descendants ignorants des premiers Aryens, du haut sentiment spirituel de la race.

Examinons avec la même rapidité la suite du mouvement religieux à partir de l'ère chrétienne.

L'esprit d'examen et de recherche, particulier à notre temps, sans autre souci que celui de la vérité scientifique et historique, a fait la lumière sur les origines du christianisme. De véritables faits se rapportant à la naissance de ce grand mouvement religieux, il n'en existe pas avant les approches du IIIe siècle. Jésus-Christ n'est pas un personnage historique, ou n'est qu'un obscur prophète juif sur la tradition duquel s'est enté l'enseignement de la secte Alexandrine, d'où naquit la religion chrétienne. Aucun écrivain des deux premiers siècles n'en parle, et le seul témoignage non chrétien évoqué, celui de Flavius Josephe, est un document apocryphe. C'est une visible interpolation sans lien avec le sujet de la page où il a été glissé, une de ces fraudes du fanatisme que les copies manuscrites rendaient faciles.

On comprendra qu'il ne saurait être donné ici aucune importance à des œuvres simplement littéraires comme le roman de Renan ou tout autre arrangement des anciens textes évangéliques.

La naissance du christianisme se place, non en Judée, mais en Égypte. Il sort d'une de ces sectes juives, esséniennes, kabbalistes, plus ou moins hellénisantes qui florissaient à Alexandrie, et qui s'ouvraient aux croyances indiennes, persanes, chaldéennes, et surtout aux principes platoniciens, tout en restant attachées aux traditions du mosaïsme.

De Philon le platonicien à Origène et Clément d'Alexandrie, ces derniers déjà chrétiens et Pères de l'Église, se placent deux siècles d'élaboration dogmatique d'où sont sortis les principaux linéaments de la nouvelle doctrine.

Maintenant une évidence apparaît : la réelle similitude de nom et de tradition du *Christ* et du bouddha *Crichna*, similitude qui frappa tous les esprits, lorsque la divulgation relativement récente des livres sacrés des brahmanes instruisit l'Occident de cette huitième incarnation de Brahma. On ne peut, en effet, se refuser à reconnaître dans le tissu de la croyance élaborée au sein de la secte mère du christianisme, l'introduction du mythe indien de Crichna fils de la vierge *Devanaki*, conçu par l'opération d'un dieu (Mahadeva), élevé secrètement par des bergers qui le sauvèrent de la fureur du roi Kansa, lequel fit mettre à mort tous les nouveau-nés, espérant qu'il serait compris dans le massacre. Crichna prophétise dès son jeune âge et accomplit de nombreux miracles. Fils de Dieu, venu sur la terre pour sauver le genre humain, il prêche une doctrine toute d'amour. Enfin, il meurt cloué par des flèches sur l'arbre sacré. Pour premier précepte, il veut *qu'on l'aime par dessus toute chose*. Le Mahabbarata, qui traite du culte de

Crichna, est très antérieur au bouddhisme, qui lui-même parut cinq siècles avant l'ère chrétienne.

Qu'y aurait-il d'étrange à ce rapprochement judéo-indien? Dans l'Égypte d'alors, ce carrefour et cet entrepôt du monde antique, Perses, Grecs, Juifs, Hindous et leurs différents cultes, ne se cotoyaient-ils pas journellement?

Il n'est guère de culte religieux qui n'ait son histoire légendaire ou allégorique. Mithra en Perse et même à Rome eut la sienne assez comparable à celle de Crichna; Adonis, Apollon également.

Le christianisme n'eut pas de culte effectif, de cérémonial public, d'organisation réelle avant le iiie siècle. Les nouveaux sectateurs de Crichna, juifs d'origine et de tradition, firent de leur Messie un Christ juif. Le véritable esprit des textes évangéliques est d'ailleurs très éloigné de l'idéal divin que conçurent les successeurs de ces premiers chrétiens qui surent toutefois adapter à cette base cultuelle d'un homme-dieu, devenue plus tard article de foi, la haute spiritualité d'un Platon, tout en conservant une place essentielle à l'élan supérieurement religieux de l'*Amour divin* prêché par Crichna.

Or, c'est en cela surtout, en l'*Amour*, qu'a consisté la supériorité du culte naissant et la force d'expansion qui en a fait dans l'humanité l'ère marquante qui dure encore. Devant l'esprit de crainte qui seul dominait dans le sentiment religieux des croyants du paganisme, en opposition à la sécheresse des seuls principes philosophiques des noncroyants, se prononçait, s'élevait à l'heure propice, une parole d'une portée ineffable et toute nouvelle : Aimer! aimer Dieu! véritable et considérable coup d'aile vers une hauteur religieuse non encore atteinte chez les peuples de l'empire romain.

Cette attraction grandissante d'âge en âge entre l'être terrestre imparfait, entre l'esprit alourdi par la matière et l'Être spirituel pur et intégral auquel l'âme humaine aspire à se réunir, ce rapprochement de plus en plus intime, comment pouvait-il davantage se marquer, le moment venu, que par un élan d'amour ? La décadence politique, morale et religieuse de l'empire des Césars appelait un renouveau. Le germe de la floraison nouvelle était dans cette petite secte confondue parmi tant d'autres, mais qui seule recélait la semence d'avenir. Et cette floraison fut splendide. Elle s'étendit à toute l'Europe, et, de là plus tard, à ce nouveau continent tout entier, mais aucunement, malgré son point de départ, chez les sémites, réfractaires par nature au pur spiritualisme et à l'essor d'amour divin qui sont de source aryenne et font l'essence du christianisme.

Il est impossible d'entrer ici dans les détails dogmatiques que chacun connaît, ni de s'étendre sur les nombreux écueils que l'établissement de la foi chrétienne rencontra sur sa route : le schisme manichéen, qui se rapprochait du dualisme persan de Zoroastre et qui, plus tard, reparut dans la secte des Albigeois, l'un comme l'autre réduits au silence par l'épée et les supplices ; puis l'arianisme, qui faillit un moment l'emporter sur le dogme de saint Paul et qui, au lieu de la consubstantialité antérieure du Fils dans la trinité catholique, admettait l'antériorité du Père ; d'autres dissidences encore pourraient être rappelées. Mais nous nous empressons d'arriver à la grande unité de doctrine que le pouvoir séculier de Constantin sut établir pour le repos des esprits et la paix de l'empire, en réunissant en l'an 325 le concile œcuménique de Nicée. Là, 318 évêques non seulement condamnèrent à jamais le schisme d'Arius, mais il leur fallut, par ordre de l'empereur, mettre l'accord entre les différents évangiles du temps. La plupart de ces livres furent sacrifiés, pour ne conserver définitivement que ceux de Jean, Luc, Marc et Mathieu.

Après vint l'intronisation de l'évêque de Rome comme pape de la Chrétienté et direct successeur de saint Pierre, et le dogme catholique fut définitivement assis, mais ne pût empêcher toutefois la scission d'Orient lorsqu'il y eut deux empires au lieu d'un seul : celui de Rome et celui de

Constantinople. C'est ce dernier rite dit orthodoxe qui passa plus tard à un autre nouvel empire plus vaste encore, celui de Russie.

La période du iiie au ixe siècle voit le christianisme gagner de proche en proche l'Italie, les Gaules, l'Espagne, la Germanie, la Grande-Bretagne, enfin toute l'Europe centrale et occidentale, peuplant le calendrier des noms de saints évêques propagateurs, souvent martyrs, de la foi évangélique. Saint Augustin est la haute autorité dogmatique au cours de ces établissements.

La pensée chrétienne du moyen âge a son expression la plus absolue dans la *Somme* de saint Thomas d'Aquin. Dans ce monument de l'esprit catholique, dix mille objections et quatre mille propositions sont abordées, toute la science du temps est exposée et dialectiquement subordonnée à la foi. Cette foi et l'amour divin qui en est l'essence débordent et transportent jusqu'aux limites de l'extase des âmes supérieures et déjà en contact étroit, pour ainsi dire, avec l'Ame divine universelle. Tel François d'Assise, telle sainte Thérèse, tel ce livre encore vibrant aujourd'hui, qui s'intitule l'*Imitation de Jésus-Christ*. Peu importe la forme cultuelle en de tels transports. La seule chose essentielle et tout à fait réelle, c'est le sentiment surhumain ressenti et exprimé.

La foi chrétienne, en ces temps-là, cette foi prodigieuse qui fit les croisades, est à son apogée, et, grâce à elle, la puissance sacerdotale en arrive à dominer même le pouvoir temporel des monarques de l'Europe, jusqu'à ce que, de l'abus même de cette puissance et des fautes et des vices de ses détenteurs, naît un ferment nouveau de dissidence et de révolte.

La Réforme put introduire plus de moralité relative dans le rôle sacerdotal et plus d'austérité dans les pratiques rituelles, mais n'éleva pas pour cela davantage l'idéal et le but religieux du christianisme, resté d'un plus sublime essor dans le culte célébré en ses gothiques cathédrales,

qu'entre les froides et tristes murailles des temples protes-
tants.

Dans l'ordre d'idées et de sentiments qui dirige cette
étude, il est inutile que nous insistions sur le mouvement
réformateur des Luther et des Calvin, continué depuis par
tant d'autres sectes protestantes dans lesquelles s'émiette le
christianisme; car, par la Réforme, il n'y a pas eu de véritable progrès religieux.

Il est plus urgent de jeter un coup d'œil sur les principaux aspects des autres religions et de la philosophie du
moyen âge et des temps modernes; mais, en nous hâtant
pour arriver au but le plus essentiel pour nous, qui est de
montrer, au dehors comme au dedans du christianisme, la
continuité de la vérité dualiste s'affirmant même lorsqu'elle
est le plus inconsciemment ressentie ou systématiquement
méconnue, et aussi la vérité non moins éclatante et éton-
namment la même dans toutes les manifestations, si différentes soient-elles les unes des autres, du sentiment religieux qui n'est toujours qu'élan et aspirations vers un retour
en l'Être spirituel universel et éternel, des esprits terrestres
qu'enchaîne le principe matériel qui leur est associé en cette
vie passagère.

Tandis que le bouddhisme gagnait l'extrême Orient et
que le christianisme conquérait l'Occident, une troisième
grande religion naissait au vii° siècle en Arabie, non d'un
mouvement collectif, mais par l'œuvre d'un seul homme,
Mahomet, qui sut tirer d'une sorte de réforme du judaïsme
un corps de doctrine attrayant pour les tribus arabes et
numides jusqu'alors idolâtres ou sectatrices de Baal. Comme
les autres sémites, Mahomet est peu spiritualiste. Mais son
ALLAH est Dieu unique de toutes les nations et non plus un
dieu particulier à un seul peuple. En cela est le progrès
relatif du mahométisme. Les prophètes juifs, jusques et y
compris Jésus, y sont vénérés comme des précurseurs. La

trinité des manifestations divines du bouddhisme et du christianisme lui est inconnue, mais il admet comme la Bible et l'Évangile la puissance d'un Satan (Chéiatin) ennemie de celle d'Allah le Tout-Puissant dont les décrets sont fatals et inéluctables.

Même avec le monothéisme un peu matériel de Mahomet, qui ne promet à ses fidèles qu'un ciel de récompenses et de joies sensuelles, il est permis de voir dans l'Allah et le Chéiatin du Coran, comme dans l'Esprit divin et l'Esprit malin de l'Évangile, un lointain écho de la compréhension dualiste des deux Principes primordiaux.

Constatons que la décadence des peuples de la plus grande partie de l'Inde et de la Perse a fait dès longtemps de ces contrées privilégiées de jadis, un vaste champ d'expansion pour le mahométisme, conquête barbare d'un Allah sur les Brahma et les Ormuzd oubliés des descendants dégénérés des premiers Aryens.

De nos jours, le Coran s'empare aussi de plus en plus du continent africain. Là au moins, dans le pays noir, parmi les grossiers fétichistes, il représente un réel progrès.

Seul, le judaïsme, toujours debout, ne fait pas de prosélytes. Jéhovah, d'ailleurs, n'a jamais été que le dieu du seul peuple d'Israël, peuple qui eut son heure de grandeur au temps où il fut une nation. L'idéal du judaïsme, ne s'élevant pas au-dessus de l'intérêt et du salut exclusif d'une race, n'a pu que devenir plus exclusif encore depuis qu'il forme l'unique lien national des débris d'un peuple dissous, lesquels débris ne subsistent plus qu'à l'état parasitaire au sein des sociétés modernes.

Pour nommer ici un dernier culte, donnons un souvenir à la religion qui fut celle des Indiens d'Amérique, non pour ses dogmes restés presque inconnus, mais pour remarquer encore dans le peu que nous en savons, et même chez des peuples sans contact avec l'ancien continent, cette uni-

…erselle similitude des phases du sentiment religieux : d'une part le sabéisme, que les conquérants espagnols trouvèrent établi dans toute sa force chez les Aztèques et les Incas, chez ceux qu'on ne nommait que les adorateurs du Soleil; d'autre part, au-dessus du sabéisme populaire, la conception d'un dieu du Bien, PACHA-CAMAC, et d'un dieu du Mal, CUPAÏ. Quand les Péruviens venaient à prononcer le dernier nom, ils crachaient à terre. Ici donc, encore et toujours, deux principes opposés en présence.

Continuons maintenant par l'exposé de l'action philoso- phique en parallèle avec le mouvement religieux de l'ère chrétienne.

Le mouvement philosophique de notre ère, depuis l'école d'Alexandrie qui fondit en un même syncrétisme les doc- trines de Pythagore, de Platon et d'Aristote, jusqu'à l'idéa- lisme allemand, l'expérimentalisme anglais et l'éclectisme français, a été l'œuvre de tout un monde de penseurs, dont il serait impossible de donner ici une énumération un peu complète. Il nous suffira de signaler la marche générale des idées et des systèmes où ne cessent de se cotoyer et de se pénétrer mutuellement l'esprit philosophique et le senti- ment religieux.

Contemporainement aux premiers initiateurs de la foi chrétienne, et dans le même foyer alexandrin, les Philon, les Plotin, les Porphyre concevaient un commencement indéterminé, ineffable et indicible, duquel émanait l'Intel- ligence universelle et, de cette dernière, l'Ame du monde, indissoluble trinité spirituelle ; puis la Matière dont le con- tact a fait la décadence de l'âme. Plus l'âme s'emprisonne dans la matière, plus elle déchoit ; plus elle s'absorbe dans la contemplation de l'ineffable, plus elle remonte vers sa source, vers Dieu.

Tout à côté, les Kabbalistes juifs, continués plus tard par les gnostiques chrétiens, tout en acceptant la théoso- phie néo-platonicienne, y mêlaient un fond de judaïsme aug

menté de croyances persanes et chaldéennes. Il y a pour
eux deux mondes distincts : l'intelligible et le sensible, la
lumière divine et les ténèbres matérielles ; et de l'un à
l'autre de ces mondes opposés, toute une échelle d'êtres
angéliques, toute une hiérarchie d'esprits bons ou mauvais.
L'homme, placé entre les deux mondes, réunit les deux
natures : spirituelle et matérielle. Son âme est préexistante
et immortelle, et elle n'arrivera à la résorpsion en l'unité
divine qu'après des épreuves et des transmigrations gra-
duellement épuratrices.

Toute cette première époque, où s'opéra la genèse chrétienne, présente en ses diverses écoles ou sectes un fond
commun de spiritualisme élevé et de présence simultanée
et comme en fusion des anciennes grandes croyances.
Telle est d'ailleurs la condition nécessaire pour les
grandes réédifications religieuses, qui ne peuvent sortir
que d'une refonte générale des anciens éléments de tous
les cultes.

Telle est précisément la situation qui, actuellement, se
présente de nouveau après dix-huit siècles de christianisme.
Ce n'est pas en effet la seule foi chrétienne qui se conteste
et se discute aujourd'hui, ce sont toutes les formes religieuses, tous les systèmes philosophiques, toutes les écoles
et toutes les doctrines, même les plus anciennes et étranges
évocations de la magie et de l'occultisme, aussi bien que
l'athéisme ou l'indifférentisme le plus absolu que nous
voyons remis en question et acheminés à un nouveau creu-
set syncrétique où s'opère, à cette heure même, une universelle ébullition, et d'où sortira assurément la grande synthèse scientifique, philosophique et religieuse d'un prochain
avenir dont nous essayons de donner déjà la formule.

Malgré l'unité acquise, malgré l'autorité qu'un saint
Augustin et un saint Thomas d'Aquin avaient donnée à la
foi sur la raison et sur la science, à la grâce sur le libre
arbitre, l'esprit d'examen philosophique ne se trouva pas

pourtant annulé au sein même du catholicisme. De Ter-
tullien l'éclectique jusqu'à Scot Erigène le panthéiste mystique, jusqu'à Abeilard le platonicien, il ne manque pas
d'esprits chrétiens raisonnant cependant leur foi chrétienne.
Aristote faisait toujours loi dans l'enseignement scholastique, et c'était la même conception de ses catégories, de
ses universaux, qui faisait encore, à la fin du moyen âge,
le grand sujet de discussion des réalistes, pour lesquels les
idées générales étaient des réalités absolues, et des nomina-
listes, qui ne voyaient dans ces spécifications que des noms
et des mots, sujet qui, trois siècles durant, mit aux prises
les premières intelligences de l'Europe.

Viennent plus tard Erasme, Rabelais, Montaigne, esprits
sinon absolument sceptiques, ceux-là, cette fois, fort déta-
chés du joug de Rome et assez indépendants de toute
discipline doctrinale pour discuter Luther aussi bien que le
pape.

C'est l'époque où l'Église, où le pouvoir clérical, menacé
dans la domination qu'il exerçait, et dans son existence
même, se mit à réagir avec une violence inouïe qui alla jusqu'aux horreurs de l'Inquisition. Des chrétiens, comme Gior-
dano Bruno et Vanini, coupables seulement de s'être élevés
contre le fanatisme et l'intolérance, sont livrés au bûcher.
Un savant, comme Galilée, qui ose affirmer une vérité naturelle et savoir autrement que les Écritures et les évêques,
est emprisonné et contraint d'abjurer. Paris même est le
théâtre d'une Saint-Barthélemy.

Le même esprit d'absolutisme ecclésiastique se marque,
après cela, dans l'apparition de l'ordre des Jésuites, fondé
par Loyola, et leur main mise sur Rome elle-même. Le
dogme nouveau de l'Immaculée Conception et celui, non
moins récent, de l'infaillibilité papale sont leur œuvre. Force
apparente d'un pouvoir spirituel qui comprend qu'il ne
saurait transiger sans danger de mort, et qui se retranche
dans le *non possumus* comme en une citadelle inexpugnable.
Mais en fait, condamnation plutôt d'un culte dévoyé et

d'une puissance qui à fait son temps, malgré tout l'extérieur encore debout de ses pratiques et de son organisation.

Plus éloignés du foyer de l'intolérance et de la persécution, Paracelse et Van Helmont pouvaient se livrer sans trop de risques à des spéculations indépendantes de toute foi enseignée, sur la nature de l'homme et des autres êtres animés. S'inspirant de l'entéléchie aristotélique, ils voient les corps se former de matière inerte et passive sous la seule action de l'archée, l'âme vitale, le noyau spirituel dont le corps n'est que le logis organisé par l'archée, laquelle naît d'ailleurs et meurt avec le corps. Mais au-dessus de l'archée est le principe intelligent, universel et immortel, comme au-dessous est la matière. Chaque être, végétal aussi bien qu'animal, a ainsi son architecte, son ouvrier propre.

Van Helmont est évidemment frappé de la durée passagère de l'action vitale, qui fait naître et laisse mourir tous les êtres animés, et il y voit une essence temporaire comme eux, au lieu du principe unique d'action spirituelle qui, de forme en forme de plus en plus perfectionnée, organise spécifiquement la matière et s'en dégage sans cesser d'être UN.

Le siècle de Descartes est venu, et toute la présomption scholastique, tout l'absolutisme dogmatique des siècles antérieurs va faire place à un édifice intellectuel et scientifique nouveau.

Déjà Bacon avait inauguré le rigorisme scientifique moderne en rejetant toutes notions de causalité autres que celles qui viennent de la sensation et de l'expérimentation. Tout le positivisme anglais est déjà dans le *Novum Organum*. Hobbes, Lockes et les modernes expérimentalistes et utilitaristes, Bentham, les deux Stuart Mill, Herbert Spencer, sont restés dans la voie ouverte par Bacon. C'est assurément un gage de certitude scientifique que cet exclusivisme tout expérimental de la pure sensation. Toutefois ce n'est pas tout. Si la notion de cause suprême de tout ce qui existe ne nous touchait pas, si l'être humain n'était véritablement fait que de sensitivité, cette doctrine des sens et du seul système nerveux suffirait à l'homme. Mais fermer systématiquement l'esprit et le sentiment aux plus hautes questions spirituelles et morales existantes, n'est pas les supprimer ni surtout les résoudre. Une idée du bien et du mal, basée uniquement sur la sensation agréable ou désagréable qui doit nous incliner à rechercher l'une et à fuir l'autre, où mène-t-elle les hommes, sinon à l'égoïsme, à la lutte ou au désordre perpétuel ?

A côté même des sensationnels anglais, l'école écossaise, avec Reid, Dugald, Fergusson, etc., a d'ailleurs réagi contre ces principes dépourvus de hauteur morale et qui expliquent peut-être l'immoralité personnelle bien connue du chef de l'école anglaise, le chancelier François Bacon. En dehors et au-dessus de la sensation, il y a, pour les philosophes écossais les idées innées nécessaires, le moi antérieur, et, par conséquent, des lois et des principes supérieurs aux simples impressions des sens.

Descartes, lui, prend une base pour le moins aussi certaine et d'une bien autre portée que le fait sensationnel. Aussi déterminé que Bacon à n'édifier que sur des fondements sûrs, mathématiques, et abstraction faite de toute chose apprise et sujette au doute, se défiant même du témoignage de ses sens, il descend au plus profond de l'être spirituel autant que corporel, et, après de longues et scrupuleuses épreuves, il en tire la plus inéluctable certitude qui puisse être pour l'homme : *Je pense, donc je suis*. Rien autre, à partir de cette vérité première et irréfutable ne comptera que ce qui pourra s'en déduire de proche en proche, comme dans les sciences exactes, et s'appuyer sur cette base inébranlable : *Je pense donc, je suis*, base impliquant nécessairement déjà l'idée innée. Entre ces déductions certaines, il y a aussi *l'étendue* de la matière des corps, et la *spiritualité* de l'âme avec toutes les conséquences de cette dualité universelle. La *véracité de Dieu* y est prouvée par la même maxime précisément des sensualistes : « Il n'y a rien dans l'entendement qui n'ait été primitivement dans le sens », vérité très incomplète qui ne saurait expliquer pourquoi les hommes ont universellement la pensée de l'existence de Dieu, une telle chose ne pouvant aucunement être dans le sens.

Dans le domaine scientifique, Descartes a introduit des vérités nouvelles que la physique moderne a confirmées, entre autres le rayonnement de la lumière et de la chaleur émis par des vibrations fluidiques. Sa théorie célèbre des tourbillons a pu être délaissée devant les lois fixes de Kléper et de Newton, mais n'a pas été détruite pour cela. Une substance étendue en mouvement ; des tourbillons distincts dont les astres sont les concentrations nucléales ; des absorptions de tourbillons moindres par un tourbillon voisin plus puissant qui les accapare et captive leurs globes réduits à la condition de satellites, en quoi cela est-il contraire à l'état réel des systèmes sidéraux et aux lois de l'attraction universelle ?

De plus, Descartes conçoit des *masses spaciales immobiles*, les régions stagnantes des inter-mondes, et il voit le mouvement provenant d'une *cause extérieure* à la substance mue.

C'est surtout le *Discours de la Méthode* qui a révolutionné l'époque où il a paru. Ce peu de pages a été le point de départ de tout un renouveau philosophique et métaphysique.

Malebranche, son disciple, bien qu'exclusivement tourné vers la pensée religieuse, non seulement formule comme Descartes la *Véracité de Dieu*, mais la *Vision en Dieu*, seul mobile de l'homme et de tout ce qui arrive, Dieu présent dans les moindres de nos actions et l'homme devant attendre tout de la grâce, de la volonté de Dieu. Cette pensée dominante de Malebranche, resté chrétien fervent, n'est-elle pas le pur et très réel sentiment de l'unité spirituelle ou divine universelle, seule cause de l'existence des mondes et de la vie, seule initiale et agissante, seule capable d'animer une matière passive ?

Bossuet, avant tout chrétien animé d'un très haut sentiment religieux, incline lui aussi au cartésianisme.

Leibnitz se sépare de Descartes sur l'assimilation de la matière et de l'étendue, qu'il remplace par la force intermédiaire entre la matière mue, ou résistance passive, et l'étendue effective, ou résistance active. Il conçoit la force comme la seule substance. Nous-mêmes ne sommes faits que de cette unique substance. Et cette identification de l'âme et de la substance, il l'appelle monade. Le nombre des monades est infini ; la vie et la mort ne sont qu'agrégation ou dissolution de monades. Le corps et l'âme sont construits de telle sorte, qu'en suivant simplement leurs propres lois, ils s'accordent ensemble comme tout s'accorde d'ailleurs en l'univers par une harmonie préétablie par Dieu, la monade des monades.

L'atome n'ayant pas pour Leibnitz d'existence réelle, on ne comprend pas trop ce qu'il entend par matière et par corps, qu'il se contente d'appeler le dehors des choses, ce qui se voit, tandis que ce qui voit, c'est l'être. Puis cette substance, pour lui inétendue, qui a produit le phénomène de l'étendue, cela n'est pas bien clair non plus. Par d'autres côtés, Leibnitz n'en reste pas moins un des génies de la recherche philosophique et des sciences mathématiques.

Spinoza voit sa vocation philosophique déterminée également par la lecture de Descartes. Seulement il est incliné dans un sens tout autre et identifie Dieu avec la substance universelle. De cette négation de la volonté naît le fatalisme, et de cette identification de Dieu et de la substance ressort le panthéisme de Spinoza.

En France, en opposition avec les cartésiens, se voient Gassendi, Bayle, Cabanis, Helvétius, Condillac, mi-baconiens, mi-sceptiques, esprits sans élévation spirituelle et sourds au sentiment, pour n'écouter que la sensation. Condillac surtout est radicalement sensualiste. Pour lui, le moi de chaque homme n'est que la réunion des sensations qu'il éprouve ou a éprouvées.

En Allemagne, un siècle après Leibnitz, un grand mouvement philosophique renaît avec Kant et se prolongera ensuite jusqu'à nos jours.

Kant voit l'Intelligence universelle se matérialisant dans les choses, et cette intelligence est tout, soit sous sa forme active produisant le jugement, soit sous sa forme passive percevant le phénomène spirituel. L'âme ne peut se comprendre, ni comme substance ni comme cause. Elle s'ignore elle-même.

Dans ce concept purement subjectif et idéaliste, où le sujet commande l'objet, les faits matériels en arrivent à être méconnus. Nous n'en savons que le phénomène, mais la cause supérieure, le noumène, nous est absolument fermé. Le désir est à la base de l'être. La faculté de désirer est la seule cause des objets, ses propres représentations. Il y a forcément une nécessité morale ou naturelle. C'est l'impératif, lequel est tantôt catégorique, tantôt pratique, tantôt hypothétique.

Après bien des obscurités et même des contradictions, Kant admet l'existence de Dieu, l'immortalité de l'âme, le bien et le mal, en tant qu'objets de la raison pratique. Mais, comment cette raison, tantôt pure, tantôt pratique, qui est la faculté de connaître, a-t-elle pu nous instruire de ces choses si, comme le veut ce philosophe, elle est elle-même sans existence certaine, si le moi est une abstraction vide et sans contenu ?

Toute cette philosophie allemande présente un caractère commun de panthéisme idéaliste plus ou moins transcendantal.

Fichte aspire à élever la philosophie au rang de science exacte. Il ne prend de Kant que le sujet dans le moi qui seul existe, et il croit remonter plus haut que Descartes à la source de la connaissance absolue, en prenant comme vérité première : *moi egale moi*, soit A = A, simple énoncé empirique, mais d'une vérité évidente par elle-même. Toutefois A = A ne signifie pas encore que A existe, mais simplement que, si A est, il est ainsi. Or il y a cependant certitude quant à cette relation nécessaire, laquelle, tout aussi évidemment, est émise par le moi. Dès lors, le moi est prouvé. Telle est la base de certitude de l'édifice philosophique qui va s'édifier sur le moi. Tout part de cet unique moi, qui va se dédoublant en la chose connaissant et la chose connue. C'est encore le moi qui, en s'observant lui-même, voit autant de moi qu'il en imagine, ses créations par conséquent, qui n'ont de réalité qu'en lui. Donc Dieu, l'Univers, ne sont que créations arbitraires du moi.

Quelque valeur que l'on prête à ce raisonnement spécieux, cette conclusion de l'identité de Dieu et de l'âme humaine, et abstraction faite du principe matériel, est, en un sens, une sorte de vision de l'Unité spirituelle universelle.

Schelling va tout droit à cette même identité absolue qui est l'essence de tout ce qui existe, qui fait que tout est dans tout, et qu'il suffit que l'âme humaine se contemple elle-même pour embrasser l'univers, lequel est fait sur son modèle. Il n'y a qu'un Être. Si le monde est la totalité, Dieu est l'unité de la totalité. Schelling a un mot saisissant : « La raison ne pense pas, elle voit. »

Pour Hégel aussi, à qui le panthéisme évolutionniste moderne doit la formule *Dieu n'est pas, il se fait*, comme si le plus pouvait sortir du moins, il y a identité absolue entre l'esprit humain et la raison divine, mais le moi s'oppose en lui-même en la nature sensible, pour rentrer en soi comme esprit. Hégel s'attache à contempler le devenir recélé dans le passé, car tout est développement absolu et transformation incessante, le présent n'étant qu'un passé fuyant. Ce perpétuel devenir est l'effet de la raison pure, du moi qui, nous le savons, s'oppose continuellement à lui-même pour rentrer de nouveau en soi avec une sorte de fatalité inéluctable. C'est le sentiment de la personnalité humaine qui fait la personnalité même de Dieu.

Feuerbach va plus loin et affirme que toutes les religions ne sont que des expressions de l'adoration de l'homme par l'homme, celui-ci étant Dieu. Pour lui, donc, la religion de l'humanité est la seule religion. Cet anthropomorphisme sera aussi, mais sans le même idéalisme, celui d'Auguste Comte et autres esprits modernes qui n'ont d'yeux et de pensée que pour l'homme.

Jacobi fait exception, en Allemagne, à cet engouement purement rationaliste, et, convaincu que la raison seule ne peut aboutir qu'au fatalisme et au panthéisme, il fait appel au sentiment qui, bien mieux que la spéculation idéale, nous révèle la Providence, la moralité, l'immortalité, Dieu, tout l'ordre enfin qui dépasse le monde des sens.

Avec Schopenhauer, un mot nouveau est prononcé dans la philosophie allemande : la *Volonté*, unique élément dans lequel le monde est réductible; mais, sous sa plume, le mot volonté est un peu synonyme de force et de fatalité. Schopenhauer est visiblement influencé par la doctrine bouddhique et par l'attrait du néant, du nirvâna. Le mieux serait de ne pas vivre, la vie n'étant rien qu'une objectivité de la volonté. Avec tout son pessimisme, ce philosophe reste idéaliste allemand : la matière ne peut être que la conscience empirique se divisant en conscience de soi-même et en perception extérieure. Le monde est la représentation de l'intelligence et de la volonté. La volonté est inconsciente par essence, et pourtant supérieure à l'intelligence même. En tant que religion, ce que nous appelons de ce nom n'est que la métaphysique des ignorants.

Plus tard Guyau affirmera que l'avenir sera irréligieux et que les hypothèses scientifiques se substitueront à la foi, pendant que Strada proclamera la religion de la science et verra dans le fait scientifique la réalisation de l'idée de Dieu.

L'école idéaliste a toujours de nombreux représentants en Allemagne et en Europe, mais nous ne nommerons encore que Hartmann, le philosophe de l'Inconscient à quoi tout se ramène, y compris les attributs mêmes de la divinité. Ce

terme d'inconscient lui est sans doute suggéré par le mécanisme de la vie animale qui s'accomplit sans que nous en
ayons en effet conscience, et il l'emploie d'une manière générale à la place des mots volonté ou force.

Hartmann a annoncé une religion nouvelle où le christianisme, épuré et débarrassé du polythéisme de saints qui l'en-
combre, sera complété du panthéisme allemand et du pessimisme indien, soit un monisme panthéistique exprimé dans
une formule qu'il faudra mettre à portée même des ignorants.
Le culte en sera tout interne, avec pas ou peu de formes ex-
térieures. Un panmonothéisme de cette nature sera la métaphysique qui se conformera le mieux à la raison, qui, à la fois,
excitera plus énergiquement et satisfera mieux le sentiment
religieux, tout en prêtant à la morale son plus ferme appui.

Cet idéal cultuel, formulé par Hartmann, à la suite et
sous l'inspiration de deux siècles de philosophie purement
idéaliste et panthéistique, termine à souhait l'exposé qui
précède, et nous donne, sans que nous ayons à la déduire
nous-même, la seule expression religieuse qui concorde avec
ce panthéisme spiritualiste : Négation de la réalité matérielle
substituée par des subtilités voulues et bizarres ; plan universel restreint qui ne tient compte que de l'homme ; inuti-
lité de la vie qui serait sans objet et sans but ; absence de
tout élan, de tout amour, de toute aspiration sentimentale
vers Dieu ; nivellement du mal et du bien ; inconscience,
pessimisme, néant final.

C'est ainsi que cette négation de la matière, ce spiritualisme sans objet effectif sur lequel s'exercer autre que soi-
même, cette âme sans corps, tout cet énorme labeur de la
philosophie allemande initiée par Leibnitz et par Kant,
n'apparaît que comme une vérité partielle et incomplète qui
donne par moments de vifs éclats, mais se tient presque
toujours dans le contradictoire, l'obscur et l'inintelligible.

Et le culte religieux qui ressort du même idéal n'est pas
moins insaisissable, arbitraire, glacial et inanimé. Ce n'est
pas une religion, c'est toujours un système.

En France, le mouvement philosophique moderne, bien que fortement influencé par le sensationnalisme anglais d'une part, et l'idéalisme allemand d'autre part, est plutôt éclectique dans son ensemble, ou du moins extrêmement diversifié. On ne rencontre pas chez les philosophes français cette parenté commune d'idées qui existe entre les allemands ou entre les anglais de la même période. La France est une lice ouverte à toutes les idées, à tous les systèmes, et où finit par l'emporter, le moment venu, ce qui est fait pour s'imposer à l'époque. C'est en cela que consiste le rôle initial, providentiel, du génie français.

Pascal est un savant et un mystique tout à la fois.

Bayle est un athée; Condillac, Helvétius, Cabanis sont des sensualistes.

Voltaire, rationaliste avant tout, rejette en bloc tout ce que les cultes et les systèmes lui semblent contenir de contraire au bon sens. Il n'est d'aucune école, mais il reste résolument déiste. C'est lui qui a dit : « Si Dieu n'existait pas, il faudrait l'inventer. »

Rousseau professe le seul culte de la nature et de la religion naturelle, mais à sa manière, qui est plus artificielle que vraie.

Diderot, le plus marquant, avec d'Alembert, des Encyclopédistes, n'est, lui, aucunement religieux. Il inspire ce parti des philosophes du xviiie siècle qui déclarait la croyance en Dieu douteuse ou peu nécessaire et qui combattait toute religion positive comme une imposture des prêtres.

Voltaire, Rousseau et les Encyclopédistes, ont, pour une grande part, influé sur l'avènement de la Révolution française. Les hommes de la Révolution détruisent pour pouvoir réédifier la société sur des bases nouvelles ; ils s'attaquent au culte autant qu'aux anciennes institutions politiques et sociales, et ce même esprit révolutionnaire, lorsqu'il revient à la religion, ne trouve rien de mieux que d'élever des autels à la Raison. Le culte de la déesse Raison est donc à compter aussi dans l'énumération des diverses tentatives religieuses qui vont se succéder en France, un siècle durant.

Montalembert, Lammennais, Lacordaire, s'efforcent d'allier la raison à la religion. Ce sont des catholiques libéraux.

Saint-Simon considère l'Humanité comme un seul Être collectif et voit le véritable progrès dans l'amélioration constante, sous le rapport intellectuel, moral et matériel, de la classe la plus nombreuse et la plus pauvre. Quant à l'avenir religieux, Saint-Simon veut une religion s'étendant jusqu'à l'ordre social et politique, et le dominant tout entier. Il croit à un progrès indéfini s'accomplissant par les efforts de l'homme qui est la représentation, sous sa forme finie, de Dieu spirituel et matériel à la fois. A cet idéal correspond l'*Association universelle*. Saint-Simon a conçu une rénovation du christianisme avec la réhabilitation de la chair et l'exaltation de la femme. Cette semence de sensualisme et d'anthropomorphisme pseudo-religieux germera surtout en ses disciples, quoique assez diversement.

Pour commencer, Enfantin, mystique sensualiste, crée un rudiment d'Eglise dont il se fait le grand prêtre, le Père, et pour laquelle Dieu est tout ; et l'homme est Dieu également, puisqu'il fait partie de Dieu. Il n'y a pas de réprouvés ; le plaisir est saint ; la beauté est un signe de supériorité.

Auguste Comte, d'abord disciple de Saint-Simon, fonde l'école positiviste française et réunit en un même concept la philosophie et la science, dont il dresse une classification générale et ordonnée tendant à présenter les connaissances humaines sous un large et unique point de vue synthétique. Pour lui, l'âme et le corps ne font qu'un. Il crée une religion, celle du Grand Etre Humanité. L'Humanité a eu trois âges principaux : le Fétichisme, le Polythéisme, le Monothéisme. Aujourd'hui, le seul Dieu qui compte, c'est l'homme lui-même. Tout nous vient de l'Humanité. Elle est notre seule providence matérielle, intellectuelle et morale. En adorant l'Humanité, nous nous améliorons afin de la mieux servir dans le présent, et aussi dans l'avenir en notre descendance.

Son culte ne saurait être mieux figuré que par celui de la femme (la Vierge-Mère). Ce culte a ses sacrements sociaux au nombre de neuf, ses fêtes, ses symboles, ses prières et ses saints, qui sont les grands penseurs, poètes, bienfaiteurs, enfin les grands noms de l'Humanité, avec un bizarre pontificat industriel et capitaliste.

Les temples positivistes doivent être orientés dans la direction de Paris, la ville sainte de l'Humanité. Il en existe un actuellement au Brésil à Rio de Janeiro dont le ministre est M. Miguel Lemos en accord avec M. Jorje Lagarrigue. A Paris, l'Eglise positiviste a pour chef M. Laffitte. Ajoutons que Paris et Rio de Janeiro paraissent assez peu d'accord.

Ainsi, c'est bien la divine Humanité qui, dans l'avenir, doit se substituer au Dieu d'autrefois « sans jamais oublier ses services provisoires », a dit le fondateur du nouveau culte de l'Humanité.

Le nom seul du Dieu d'Auguste Comte montre assez combien cet idéal religieux mérite peu le nom de religion. Un horizon spirituel et sentimental, restreint à la seule espèce humaine, un culte pour lequel n'existe rien d'ultraterrestre, d'universel, n'est-il pas le plus étroit des anthropomorphismes? Certes, même là, il y a une part de sentiment religieux, puisque la vie terrestre, dont l'homme résume l'ensemble, est émanation de l'Etre Universel. Mais quel recul en tant que pur essor vers la Grande Ame du monde, vers le Dieu intégral! Or ce Dieu-Humanité, sans au delà, de l'Eglise positiviste se comprend cependant. Il ne pouvait être autre pour les esprits positifs, utilitaires, matérialistes ; de même que le Dieu nihiliste de Hartmann est logiquement celui des purs idéalistes.

Pierre Leroux, autre saint-simonien, dissident avec Bazard et séparé d'Enfantin, est moins détaché du christianisme qui, pour lui, n'est qu'un progrès du mosaïsme, et se continuera, perfectionné encore, dans l'avenir.

Buchez, encore originaire de la même école, rentre, lui aussi, dans le spiritualisme chrétien et voit la révélation divine dans le fait même de l'existence des idées et sentiments de justice, de droit, de devoir. Il nomme néo-catholicisme son idéal religieux.

Pour Jean Raynaud, la religion est un seul et vaste ensemble qui s'étend, non seulement à tout le passé et l'avenir terrestre, mais à l'univers tout entier habité de même que notre planète. Il croit à la métempsycose et à l'épurement des âmes par des renaissances successives d'astre en astre. Il ne fait qu'une seule chose de la philosophie et de la religion.

Azaïs, le philosophe des compensations naturelles et des équivalences du sort ; le positiviste Littré ; l'utilitariste Taine ; Victor Considérant, qui se fera le grand propagateur de la doctrine phalanstérienne, et tant d'autres esprits éminents qui ont occupé la scène intellectuelle du commencement de ce siècle, touchent moins à la question que nous traitons.

Proudhon, aussi paradoxal en religion qu'en tout le reste, ne s'en est inquiété un moment que pour dire : « Dieu, c'est sottise et lâcheté ; Dieu, c'est hypocrisie et mensonge ; Dieu, c'est tyrannie et misère ; Dieu c'est le mal ! »

Blanqui, révolutionnaire aussi ardent que peu éclairé, prend pour devise : « Ni Dieu, ni maître ».

Victor Cousin, le père des éclectiques français, a pour principe de ne s'attacher à aucun système. Il examine, il étudie toutes les écoles philosophiques sans conclure. A chacun, sur ces données impartiales, de juger selon ses propres tendances. Il s'occupe aussi du catholicisme et incline même, malgré son rigoureux éclectisme, à le réconcilier avec la science et la liberté.

Charles Fourier, le révélateur des lois d'harmonie sociale et d'attraction passionnelle, est sans points de contact avec les écoles et les systèmes qui nous ont occupé jusqu'ici. Son grand objectif est la fin de l'incohérence sociale actuelle et la réalisation du bien-être matériel et de l'avancement humain par l'ordre sociétaire dont sa théorie explique et précise tous les échelons conduisant pas à pas au bonheur terrestre pour lequel l'homme a été créé par Dieu. Cet ordre sociétaire est le pivot de tout son système.

En cosmogonie, il voit dans l'univers : 1° Dieu ou Esprit, principe actif et moteur ; 2° la Matière, principe passif et mû ; 3° le Nombre, la Mathématique, la Justice, représentant un troisième principe régulateur avec lequel Dieu lui-même, le Grand-Pivot, doit s'accorder pour que s'établisse l'harmonie.

Ici, nous retenons surtout de Fourier, que la présente doctrine complète en ces questions, le Principe spirituel actif et le Principe matériel passif, bases essentielles de l'Univers, avec la loi des nombres à laquelle il lui plaît de donner la valeur d'un troisième principe régulateur. Cette nécessité mathématique, considérée à part ,ou non, ne change rien à la haute vérité du dualisme universel.

Pour nous, on l'a vu, la mathématique cu loi des nombres, réglant le mouvement et la disposition des formes, représente la conciliation de la force initiale, venant du Principe spirituel actif, avec les réactions de l'énergie propre du Principe matériel, exercées naturellement par groupes d'unités atomiques. Ce sont les atomes qui font les nombres, comme c'est l'impulsion initiale qui fait le mouvement. Et Dieu doit, en effet, s'accorder avec ces entités atomiques *qu'il n'a pas créées*, comme dit Platon.

En somme, les lois numériques, créatrices des formes, de Pythagore ; la substance étendue entrée en mouvement, de Descartes ; les rapports réciproques du mouvement et de l'espace ramenés à des lois fixes par Kepler et Newton ; la mathématique régulatrice d'harmonie, de Fourier ; tout cela n'est toujours qu'aspects différents et diversement entrevus et compris de l'étreinte réciproque des deux Principes primordiaux.

Jules Simon veut une religion, qui soit simplement la religion naturelle. Tout d'abord il exprime avec la plus méritante franchise cette vérité fondamentale : « Le premier mot de la philosophie doit être de proclamer que Dieu existe, et le second d'avouer qu'il est incompréhensible. »

Si réservée que soit cette affirmation, elle est, dans sa simple évidence, une base plus sûre et plus ferme que bien d'autres, d'une sincère croyance religieuse. Ce Dieu indéniable, quoique incompréhensible pour notre esprit limité, n'en apparaît que plus grand et plus attirant, c'est-à-dire plus fait pour mériter notre admiration et nos aspirations les plus hautes et irrésistibles.

Pour Jules Simon, le panthéisme n'est qu'une forme savante de l'athéisme; il nous ôte Dieu, dit-il, en le confondant avec le monde. Et les déistes qui le voient se suffisant à lui-même en dehors du monde extérieur à Dieu, nous le rendent étranger également. Ce philosophe religieux croit à la création, à l'homme distinct des autres créatures, seul immortel au milieu de la nature qu'il est contraint à subir et à combattre, ce qui explique la souffrance. La doctrine du progrès continu qui implique la création par Dieu d'un monde mauvais et la nécessité de l'améliorer, n'est pas acceptable. Le mal relatif qui s'y rencontre est restreint à d'étroites limites, et, le plus souvent, l'œuvre de l'homme lui-même. L'homme est immortel en tout ce qui constitue sa personnalité en esprit, en sentiment et en conscience, et par la mort il ne perd que ce qui est limité.

La religion naturelle de Jules Simon n'a besoin ni de prêtres ni d'églises. Elle est tout entière dans le cœur par l'amour et l'adoration intimes de Dieu Créateur tout-puissant.

Ces développements valent moins pour nous que les deux lignes du commencement qui simplement affirment l'existence et, en même temps, l'incompréhensibilité de Dieu.

Pour Hippolyte Destrem, la possibilité de constituer une théodicée sur des bases aussi évidentes que la géométrie est une conviction faite. Étant donné l'Être infini, personnifié dans un Moi substantiel infini et non limité comme le moi humain, il y a toute apparence que, si ce Moi agit sur l'univers, son action doit se faire sentir dans tous les faits, sans exception aucune. Il ressort de là que le premier fait venu est une marque du mode d'action de ce Moi divin, et nous permet alors de le concevoir. Dans tout fait d'être intelligent il y a deux éléments distincts : l'acte volontaire du sujet pensant, puis le rapport nécessaire sous lequel se manifeste à l'entendement du sujet les attributs de l'objet pensé, sans quoi ce fait n'existerait pas. Toute sensation comme toute pensée se compose donc de l'acte volontaire émanant du moi. Ceci, que le moi soit humain ou qu'il soit divin, implique donc une imprescience du réel futur. C'est ce que déjà admettait Aristote sous le nom de contingent, en place du fatum ou de la Providence. Ce premier point est capital. Un autre qui ne l'est pas moins, c'est la spontanéité universelle existant dans tous les êtres en des mesures diverses et pour si élémentaire que soit l'être. L'atome, la monade, sont doués de spontanéité propre. Le libre arbitre n'est qu'une forme supérieure de la spontanéité, et il ressort des deux différentes énonciations qui précèdent.

L'univers tout entier est donc fondé sur la contingence, et non sur le fatalisme.

Dieu est une substance, un Être réel qui, ne pouvant exister en dehors de l'espace et de la durée, doit avoir sa sphère personnelle d'existence, une sorte de séjour divin.

L'homme est un composé de monades innombrables, variées et inégales en attributs et valeur. L'âme humaine doit être comme entourée d'un groupe, d'une sorte de tourbillon de monades.

Destrem veut que l'âme humaine, indestructible et coéternelle à Dieu, aille d'existence en existence d'ordre toujours plus élevé. Dans leurs palingénésies successives, les êtres ne descendent pas. Le type qui les attire par un indicible ravissement dépasse toujours la forme qu'ils viennent de quitter. L'attraction suprême est en Dieu, l'archétype éternel et universel.

L'époque présente, tout au progrès scientifique et matériel, réagit contre l'idéalisme par une tendance opposée qu'on pourrait appeler le scientisme. Aujourd'hui, c'est la seule science qui compte aux yeux même d'âmes religieuses et de penseurs tels que Fauvety qui fait de sa Théonomie la *science* des lois de Dieu, ou que Strada qui identifie à Dieu la seule science donnée comme Verbe et Médiateur, sans autre attraction supérieure et pour tout sentiment religieux.

L'idéal de Strada se résume en ceci : On peut adorer un Dieu de douceur et de bonté, le Dieu de la science, le Dieu des lois que les sciences faites nous montrent seules, et qui assure la liberté, le progrès et l'ordre dans la conscience et dans l'humanité. Cette religion, par là qu'elle est uniquement, absolument scientifique, et qu'elle contient le Verbe médiateur, sauveur scientifique, est donc nécessairement et logiquement appelée à faire l'unité religieuse de l'humanité, puisque toute loi de science s'impose une, pour toutes les races et pour toutes les nations, sans exceptions possibles.

Strada a fait justice des irrationnalités et inconséquences, des erreurs matérielles contenues dans les Evangiles et les autres textes sacrés des fois anciennes. Il ne reste pour lui debout que le Dieu-Esprit, l'Essence divine, qui est par soi fatalement l'unité de l'énergie, c'est-à-dire la Pensée avec le Fait pour Verbe. Ce Dieu qui n'est pas, s'il n'est pas scientifique et qui a pour manifestation le seul mouvement d'où sortent toutes les forces qui sont en jeu dans l'Univers, ce Dieu sans amour et sans au delà, ce Dieu intégralement compréhensible pour un être aussi imparfait que l'homme, est-il bien le Dieu intégral ?

Charles Fauvety, à son tour, ne reconnaît pas d'autre autorité que celle de la raison. Il identifie les lois de Dieu avec celles de la nature et de la conscience, et condamne toute religion surnaturaliste qui n'a plus à ses yeux de raison d'être. Avec lui, la théologie devient *théonomie*, c'est-à-dire la science des lois de Dieu étudiées dans toutes les manifestations de la matière dans tous êtres, dans tous les mondes, dans tous les phénomènes de la nature. Dieu lui apparaît tel que le Moi conscient de l'univers tout entier; en lui coexistent l'objet et le sujet, l'unité et le multiple, par la subordination de la mutabilité à l'immutabilité persistante de l'unité universelle.

Il n'y a pourtant point là, à proprement parler, un panthéisme où tout est Dieu. Pas plus que notre Moi n'est aussi notre être corporel, le Moi divin n'est l'univers tout entier, mais bien la seule synthèse de tous les rapports possibles. Il n'est pas la somme des choses. il en est pour ainsi dire l'harmonie, la convergence centrale, la solidarité faisant la communion des êtres et des choses dans l'unité. Tel est le déisme scientifique de Fauvety remontant au Moi intégral, à l'Être suprême.

Ce Dieu qui tient tout entier dans la raison et que peut suffisamment percevoir notre intelligence limitée au moyen de ce rien orgueilleux que nous appelons notre science, ce Dieu raisonné serait-il aussi celui qui parle au pur sentiment dont Fauvety non plus ne s'occupe pas, bien qu'il semble pourtant qu'il faille tenir compte de cette faculté mystérieuse qui règne en nous et qui est si indépendante de la raison. que celle-ci reste dans l'impuissance absolue de commander ou seulement d'empêcher la moindre émotion de l'âme ?

Si Dieu ne dépasse pas les limites de notre raison et de notre sagesse, si là seul il se trouve, personne ne l'a défini avec plus de force et de preuves que l'a fait Fauvety, et l'on comprend l'action que ce penseur a exercée autour de lui, action qu'entretient son disciple Lessard, lequel y ajoute les développements logiques d'une application tout aussi limitée. Pour Lessard également, ce Dieu suffisamment défini par l'absolu dans le Bien, dans la Justice, dans la Raison, intégralement accessible à l'intelligence humaine, ne doit admettre d'autre sanctuaire que la conscience de chaque homme, et d'autre sacerdoce qu'un culte purement laïque.

Une théorie récente de caractère panthéistique est celle de Delbœuf qui voit les atomes originairement doués de vie, s'organisant en pleine liberté. La matière brute, l'inorganique, ne serait autre chose que le résidu de cette vie primordiale. L'instable de la vie et de la pensée serait ce qui crée le stable de la matière et des lois intelligentes. L'âme n'est que le principe individualisateur réunissant des molécules qui s'échangent continuellement avec de nouvelles arrivantes. Quant à la pensée, à l'intelligence, attribut déjà de l'atome, elle se concentre de plus en plus en l'homme, reprenant pas à pas possession de ses produits et allant à son identification complète avec tout l'univers.

Cette nature entièrement vivante, même dans l'inerte qui n'est qu'un degré inférieur de vie, se suffit à soi-même et peut donc se passer d'une hypothèse divine, ou, si l'on veut, elle est à elle-même son propre Dieu.

Voici donc de nos jours la religion devenue, pour nombre d'esprits élevés, une chose purement scientifique et raisonnée.

De son côté, l'ancienne foi inquiète rassemble ses dernières forces. Des hommes de haut sentiment chrétien, prêtres et laïques, descendent eux aussi dans l'arène et luttent pour la vieille croyance. Même en dehors de l'étroite discipline de Rome, on voit un Hyacinthe Loyson, un abbé Roca, admettre certaines compositions, mais défendre avant tout leur Christ renié. D'autres, après avoir exploré des voies différentes, fatigués de luttes et de vaines recherches, sont ressaisis par l'enivrante poésie du culte catholique et, tels qu'Albert Jounet, reviennent, altérés de paix religieuse, aux pieuses pratiques de leurs jeunes années. Bientôt, pour les derniers jours de ce siècle, nous allons avoir à Paris un nouveau Congrès des religions, auquel un courageux champion de l'Église, M. l'abbé Charbonnel, convie les hommes de toutes les croyances. Mais le passé ne se remonte pas, et d'autres temps sont venus. Comme un flambeau qui, sur le point de s'éteindre, projette quelques derniers éclats, la foi chrétienne fait son ultime effort, effort impuissant, car d'elle s'est retiré le plus pur de son ancien aliment. Ses derniers fidèles, loin d'élever leur idéal, redescendent aujourd'hui aux pratiques inférieures du culte des vierges, des saints, nous allions dire des idoles de tel ou tel sanctuaire en vogue, au retour des plus vaines superstitions, et jamais le temple ne fut aussi envahi de marchands et de vénalités. C'est la fin présageant un recommencement.

Mais ce n'est ni le rationalisme, ni la seule science, ni la philosophie plus ou moins morale qui feront ce recommencement. Ce sera encore la religion, car seul un culte divin peut remplacer un autre culte.

On vient de voir que le mouvement philosophique et sociologique du siècle qui s'achève s'accompagne, surtout en France, d'une constante préoccupation de la question religieuse, et que celle-ci a été envisagée sous les faces les plus diverses et les plus opposées.

Il était utile de détailler un peu tout ce mouvement des esprits et des consciences, ne fût-ce que pour montrer combien notre époque, que l'on dit irréligieuse, est travaillée du besoin de trouver et de fixer l'idéal qui doit être celui des temps nouveaux.

Notre pensée, en exposant ces éléments religieux et philosophiques et divers, a été non pas autant de donner un aperçu universel des croyances et des systèmes que d'appeler la plus rapide lumière possible sur le problème qui nous occupe, et de faciliter la comparaison de toutes ces fois et ces conceptions avec notre foi dualiste; puis, d'inciter les esprits qui auront bien voulu nous suivre jusqu'ici, à tirer eux-mêmes leurs déductions, et à se prononcer sur ce qui leur paraîtra être la vérité, la seule, car il ne saurait y en avoir plusieurs.

Nous confions qu'en toute conscience et sentiment, ils entreverront comme nous la manifeste dualité des principes primordiaux, Esprit et Matière, également incréés et éternels que prouvent à la fois la physique, l'astronomie, la mathématique, la biologie, la logique naturelle, le sentiment inné et l'accord même, affirmé ou implicite, des grandes croyances religieuses ou philosophiques passées et présentes, avec suprématie du Principe-Esprit seul intelligent voulant et agissant, suprême objet de l'attraction religieuse, et que nous aussi nous continuons d'adorer sous le nom ineffable et irremplaçable de Dieu.

Montrons que, de toutes les formes cultuelles et de leurs erreurs mêmes, ressortent des preuves de la vérité religieuse.

La partie démonstrative et documentaire, en quelque sorte, de ce travail est terminée. Les arguments et les faits que nous avons rassemblés à l'appui de la foi naturelle et nécessaire en Dieu-Esprit surabondent. Nous y ajouterons néanmoins un nouveau faisceau de preuves d'un autre ordre, tirées cette fois du simple et pur sentiment religieux lui-même qui, dans son expression spontanée, est toujours vrai. En toute croyance, en effet, en toute forme cultuelle, même dans les pratiques dites superstitieuses, un caractère de vérité religieuse apparaît manifestement.

Pour abréger, nous ferons une simple énumération de quelques exemples probants de l'innéité du sentiment religieux et de sa vérité, exprimées dans les exercices de piété les plus divers.

Commençons par ces images à forme ordinairement humaine qui se voient dans presque tous les temples : Bouddhas, Jupiters, Christs, génies, anges ou saints. Que sont ces images qui alimentent le besoin naturel, l'instinct de vénération inné chez les hommes de tous temps et de toutes races ? Plutôt qu'objets d'une adoration directe, tout cela au fond, consciemment ou inconsciemment, n'est-ce pas simples figurations et purs symboles de cet Être supra-terrestre dont nous n'avons de concept un peu saisissable que par les apparences revêtues dans notre monde par le principe spirituel dans l'alliage vital ? L'idole n'est jamais la matière inerte adorée pour elle-même ; elle l'est seulement comme représentation ou emblème d'une existence quelconque surnaturelle, cause d'inconsciente inquiétude et de secrète attraction. L'instinct qui créa le premier fétiche fut le premier murmure de cet appel d'au delà.

Nous avons déjà fait la remarque, et nous la renouvellons ici pour son importance, que dans le culte des astres, il y a certainement, en plus de l'admiration causée par les merveilles du ciel, l'attirance naturelle et secrète des vies sidérales, s'appelant entre elles de tous les lieux de l'Univers.

Cette facilité même des élans superstitieux ; la rapidité surprenante avec laquelle se répand dans les masses populaires, là où l'on s'impressionne le plus et où l'on raisonne le moins, l'annonce d'un prodige surnaturel ; le fanatisme contagieux d'une foi aveugle excitée par un illuminé ou par quelque événement extraordinaire, ce sont autant d'explosions fortuites de l'essor comprimé des âmes vers l'au delà inconnu, source de l'attraction spirituelle. Cet essor aura beau être trompé ou dévoyé, nous retenons le seul fait de l'essor qui ne saurait être un effet réel sans une impulsion réelle.

La prière qui, dans tous les cultes, est la plus générale pratique religieuse, bien plus qu'une supplique, représente surtout ce même élan spontané et naturel de l'âme humaine, comprimée et souffrante, vers l'âme universelle parfaite et satisfaite, planant au-dessus de tout alliage inférieur. La prière arrivée au délire, à l'extase, est un détachement momentané de l'étreinte matérielle.

Les attitudes dévotes : prosternations, mains jointes, regards tournés vers le ciel, ne sont pas des postures apprises, mais l'expression physique, partout et toujours la même, de pensées et de sentiments spontanés, de même d'ailleurs que les sentiments naturels de tout ordre qui ont leurs dehors visibles et compréhensibles.

La prière en commun, les foules rassemblées pour prier, donnent plus d'intensité, de cohésion spirituelle à l'élan religieux. Tous les cultes l'ont senti, et de là viennent les fêtes instituées et l'édification des temples.

L'humanité, la charité, l'amour, l'esprit de propagande religieuse, tous sentiments désintéressés, ne sont qu'effets d'attraction latérale, en quelque sorte, de la spiritualité terrestre, se recherchant de foyer à foyer, faisant déjà ici-bas toute son union possible.

Jusque dans l'hypocrisie religieuse nous voyons un hommage au vrai sentiment religieux. Sans la réalité de ce sentiment, il n'y aurait pas de menteuses simulations.

L'enseignement, commun à toutes les religions, du relèvement de l'homme par les vertus morales, par la bonté, la charité, le détachement matériel; et celui de la chute par le vice, la méchanceté, la matérialité des appétits, ne dit-il pas visiblement que l'esprit va à sa destinée par l'action spirituelle, tandis qu'il s'enchaîne davantage par la prédominance trop exclusive des tendances matérielles ?

Le mal et le bien que toute croyance admet, comment pourraient-ils venir d'une source unique, d'un Dieu créateur conscient et prescient de l'un aussi bien que de l'autre ? Dieu et Démon, Paradis et Enfer, ces oppositions primordiales sous quelques formes et quelques noms qu'elles soient présentées, ne démontrent-elles pas, comme nous l'avons déjà remarqué, et en dépit même d'un enseignement parfois contraire, que la réalité de deux principes universels différents s'est manifestée de soi-même dans ces oppositions en tout temps et partout apparues et exprimées ?

Il n'est pas de subtilités doctrinales : anges rebelles, chute et rédemption, libre arbitre octroyé pour la désobéissance de l'homme et la vengeance de Dieu « qui défassent la nécessité pour les croyants à un Dieu créateur universel, de convenir que Dieu a créé le mal. La négation même du mal, de l'imperfection, sur laquelle se rejettent quelques pseudo-logiciens de la foi ou de la philosophie, n'est qu'une autre subtilité d'égale valeur.

La femme, plus que l'homme, éprouve la ferveur religieuse. C'est parce que la religion est faite de sentiment, chose qui domine chez la femme, plus que de raison, chose qui domine chez l'homme. Répétons encore que, si ce sentiment n'était pas vrai en soi, le besoin de l'exprimer ne le serait pas davantage.

Il n'est pas jusqu'à la folie du visionnaire, au renoncement du reclus, à l'hypnose du fakir, à l'anéantissement du santon, au marmottement inconscient du béat, qui ne soient marques obtuses mais réelles de l'attraction immatérielle, ici subversivement dirigée, mais s'affirmant dans ses déviations mêmes.

Il est certain, après tout, que les inspirés, les mystiques, les ascètes, n'ont pas tous été des insensés ou des imposteurs. Pour la plupart, il y a réel détachement animique, libération extraordinaire de la part spirituelle de l'alliage vital, mal unie au corps, ainsi que semble d'ailleurs le montrer l'état morbide des médiums et des illuminés. Les jeûnes et les mortifications des anachorètes amenaient ce même déséquilibre favorable à l'état extatique que recherchaient ces exaltés de la foi. Anomalies de la vie, subversion organique prouvant tout au moins la séparabilité du spirituel et du matériel dans le phénomène de la vie.

Presque tous les mots employés en langage pieux peuvent être compris dans le sens dualiste. Par exemple : *monter* au ciel, *descendre* aux enfers. Pourquoi ce bas et ce haut, si le bas n'est pas la matière, la terre, dont les plus profondes entrailles seraient l'enfer, tandis que, plus la pensée monte, se détache de la terre, plus elle se fond dans l'immatériel ?

En tout temps et partout l'esprit religieux créa des formes sensibles en architecture, en objets du culte, en invocations, cantiques et fêtes, qui toutes se ressemblent, sont l'expression directe d'un même sentiment. Il ne saurait y avoir assimilation entre la poésie, l'harmonie religieuse et la littérature, la musique profane ; entre le style et l'ornementation d'un palais, et l'architecture, la décoration, les emblèmes et l'appareil extérieur d'un temple où tout parle de vie spirituelle, de pensées ultra-terrestres; où les assistants eux-mêmes semblent dépouillés d'une partie de la matérialité et de la vulgarité mondaines ; où un nivellement semble se faire entre les plus humbles et les plus superbes.

Or, il n'y a là rien de voulu, rien d'arbitraire, et cette interprétation, partout semblablement inspirée, ne provient que d'une source de vérité, la vérité spirituelle s'affirmant au-dessus de la vérité matérielle.

Ce n'est pas seulement l'affaiblissement corporel, la fuite des passions ou la crainte de la mort qui rend les vieillards en général plus religieux que les jeunes gens. C'est surtout le détachement spirituel qui se fait à mesure que la dissociation vitale s'approche.

Il est certain encore que la mort entrevue avec calme par les natures d'un spiritualisme élevé, ou bien d'une bonté et d'une pureté natives ; que cette mort envisagée par quelques âmes d'élite comme une délivrance, comme un espoir d'avenir suprême, n'est le terme d'un essor vital, que pour

faire place à un essor nouveau ; n'est qu'annonce d'autres destins, n'est que libération de l'Esprit abandonnant sa tâche terrestre pour rentrer dans le sein de l'Immatérialité divine.

———

ARTICLES DE FOI DUALISTES

Cette foi, comme toutes les grandes vérités, est simple et tient en peu d'articles.

Foi en DIEU-ESPRIT, *Intelligence*, *Volonté* et *Force* intégrales et conscientes, Arbitre de l'Univers matériel, source et fin de nos propres existences, Être PERSONNEL suprême et éternel qui, bien qu'inconcevable pour notre entendement limité, n'en est pas moins accessible aux aspirations. de nos personnalités passagères.

Certitude que l'esprit, l'intelligence, la volonté, la force qui animent les êtres terrestres à des degrés divers que l'homme résume tous, ne sont que manifestation et action de ce même Principe spirituel universel, s'employant particulièrement à des fins organisatrices dont la raison supérieure nous échappe, mais d'où il ressort visiblement que l'esprit prédomine de plus en plus sur la matière à mesure que s'avance et grandit l'évolution vitale.

Le moi humain est ainsi partie intégrante du moi universel, mais troublé par un alliage de matière, et ne pouvant rentrer que par un dégagement matériel absolu dans son intégralité spirituelle.

Dans l'ascension graduelle de la vie vers des individualisations de plus en plus pénétrées de la pureté spirituelle, nulle autre palingénésie que cette échelle des êtres, foyers incessamment renouvelés et épurés de l'unique action continue d'un seul Esprit et d'une seule Matière.

Mais dans l'avenir ultra-terrestre, perspectives indicibles d'existences merveilleuses. Si ce globe chétif suffit déjà à l'admiration des amants de la nature, que ne sera-ce pas des mondes supérieurs, d'ascendance infinie, où notre même spiritualité vivra de plus en plus rapprochée de la perfection divine !

Les futurs ouvriers du culte, entre autres missions, auront celle d'évoquer et d'entrevoir peut-être ces hautes existences qui nous attendent, ainsi que la magnificence des mondes qui en sont le séjour.

Le pur sentiment relevant de l'Esprit pur, apparaissant et s'affirmant en l'homme au-dessus des faits sensationnels qui ne relèvent que des relativités de l'action vitale, et que connaissent seuls les animaux.

La voie de ce pur sentiment devenant distincte des impulsions passionnelles et initiales des destinées humaines dont le but final est le retour en Dieu, sa suprême source.

La plus haute manifestation du même pur sentiment se montrant partout et toujours dans les élans spontanés qui élèvent l'homme au-dessus de cette vie et le font aspirer à Dieu.

Ce que nous appelons morale appartenant pratiquement aux êtres collectifs, à la loi organisatrice et proprement vitale des sociétés humaines, et ne relevant de la religion que par le fait que les lois d'organisation émanent elles-mêmes de l'Etre spirituel universel, en son action consciente sur les fins mystérieuses de la vie des mondes.

Ce que nous nommons religion n'étant ni une simple morale ni une science, mais seulement un essor, un élan spontané vers un radieux au delà de cette vie. Plus la forme prise par le sentiment religieux s'épure et s'élève, plus l'humanité qui la pratique et la sent se rapproche de la divinité. L'amour divin, dont l'amour terrestre est déjà un écho, est ce qui nous en rapproche le plus.

Dans la vérité du pur élan religieux que promet la religion spirituelle dualiste, plus qu'autrefois, l'Humanité se sentira près de Dieu.

Le libre arbitre de l'homme, très réel, mais très limité :

réel, parce que la volonté humaine existe en tant qu'attribut appartenant en propre, ainsi que l'intelligence et la force, à l'essence spirituelle universelle dont l'âme terrestre fait partie ; limité, parce que cette volonté individuelle, de même que les autres attributs humains, n'est que relative à un certain champ d'action subordonné à des lois, des règles, des fins antérieures et supérieures à l'existence et au rôle terrestres de l'homme, sans qu'il y ait pour lui fatalité absolue, puisque dans cette action universelle l'homme a une part, une action libre autant que fatale.

La religion ne tombant sous le contrôle de la raison humaine que par l'évidence de sa réalité, mais ne se raisonnant pas autrement, notre logique ne s'exerçant que sur l'acquis actuel de la connaissance et de l'expérience. Le pur sentiment existe en dehors et au-dessus de cette raison limitée comme guide plus direct de l'impulsion supérieure, et la religion, qui est l'effet de ce pur sentiment, ne saurait dépendre davantage de la raison humaine, car sa portée dépasse immensément les déductions, ou les prévisions simplement raisonnables et expérimentales.

La vertu consistant dans l'obéissance à la voix du pur sentiment qui nous guide vers nos supérieures destinées.

Le vice et le crime consistant dans la désobéissance à cette voix spirituelle, sous l'impulsion des tendances matérielles.

Enfin, Dieu, le bon Principe, c'est l'Être, le Foyer, le Séjour en quelque sorte spirituel, universel.

Le mauvais Principe du Dualisme, c'est le Principe-Matière, le Principe inférieur, cause de souffrance dans la vie, qui résiste au Principe supérieur.

Tels sont les deux principes Primordiaux et éternels par eux-mêmes, le second subordonné au premier, et irréductibles entre eux.

LE CULTE

Ce Dieu-Esprit, incognoscible en son essence, et dont nous ne saisissons que les attributs sous lesquels il se manifeste en notre univers, n'en a pas moins toujours été pressenti par l'âme humaine. Du premier jour où, se dégageant de la simple animalité, un être déjà pensant s'inquiéta au delà de ses besoins physiques, la notion de Dieu apparut dans la vie, en notre espèce, et, dès lors, cette préoccupation de l'au delà n'a jamais quitté l'esprit et le cœur de l'homme.

Cela, avons-nous dit, c'est le sentiment religieux, et, de même que tous les sentiments humains s'expriment, s'épanchent et se traduisent extérieurement par des actes visibles, le sentiment religieux s'est toujours traduit par des prières, des emblèmes figuratifs, en un mot par le Culte.

Nous ne prétendrons pas déterminer dès à présent quelles formes nouvelles conviennent au culte du vrai Dieu-Esprit. Le Christianisme a mis des siècles à formuler ses rites, ses sacrements, son cérémonial. Ces choses veulent du temps et doivent nécessairement être l'œuvre de plusieurs. Ceci implique notre adhésion à une certaine liturgie, des autels, des temples, des offices, des cantiques, ainsi qu'à des règles doctrinales et des fêtes consacrées. Et pourquoi pas cette continuation des formes cultuelles toujours et partout usitées ? N'est-ce pas un besoin pour la nature humaine que cette extériorisation du sentiment religieux ? Nous n'irons donc pas jusqu'à vouloir devancer l'œuvre des futurs élaborateurs des canons et du service de la nouvelle Église ; nous nous bornerons à exprimer seulement un petit nombre de vues en ce qui touche le culte attendu.

Premièrement nous croyons ne porter aucune atteinte à la foi nouvelle en continuant de laisser subsister bien des formes anciennes : emblèmes, cérémonies, exercices pieux qui n'appartiennent pas plus d'ailleurs au christianisme qu'au paganisme, et remontent aux temps religieux les plus reculés. Ces formes, qui ont traversé tous les siècles et qui rapprochent les fidèles d'aujourd'hui de leurs ancêtres des premiers âges, ont leur poésie, et, disons même, leur vérité synthétique. On en a le plus attachant exemple dans cet office dominical, dans la messe où se retrouvent côte à côte la reconnaissante oblation du pain ou des moissons (*messis*) ; l'holocauste, le sacrifice antique figuré ; l'emblème sabéiste des planètes (les six cierges de l'autel) et du Soleil (l'ostensoir); les insignes sacrés originaires des cultes les plus divers ; enfin une prière, le Pater, qui peut, sans aucun changement, servir à toutes les religions. Pour ce qu'il convient d'ajouter comme symboles nouveaux, l'on peut s'en rapporter à la foi inspirée des futurs ouvriers du culte.

Nous signalerons cependant à leur attention un emblème aussi simple qu'admirablement significatif de la diversité dans l'unité humaine et divine : la bannière aux couleurs prismatiques de l'arc-en-ciel déjà adoptée par les phalanstériens, comme figuration de l'unitéisme universel.

De même que le christianisme s'appropria et revivifia les emblèmes et symboles des religions mortes ou déchues, le dualisme, qui portera même vraisemblablement un autre titre que celui que nous employons pour faire d'abord et avant tout œuvre de vérité religieuse, le dualisme, dirons-nous en attendant, saura bien garder le meilleur des formes cultuelles du passé.

Tout ce qui a été manifestation religieuse sincère nous inspire un égal respect, et nous croyons qu'il ne sera pas indigne des générations à venir de trouver un pieux attrait à reconstituer, lors de certaines fêtes, et d'après des documents authentiques, tels offices ou tels mystères religieux des époques disparues et de rechercher dans ces figurations rétrospectives tout autre chose qu'un curieux et vain spectacle, puisque le culte nouveau résumera tout le passé, en même temps qu'il s'élancera vers l'avenir.

Il nous semble, en effet, qu'un large esprit de synthèse et de fusion doit présider à l'édification de ce culte. Toutes les croyances de tous les âges ont été autant de pas qui auront amené successivement l'humanité à l'élévation future. Toutes ont donc quelque droit à un pieux souvenir, et nous ne saurions voir de saints plus méritant dans le nouveau calendrier, de plus beaux noms que ceux de Zoroastre Manou, Hermès, Çakya-Mouni, Confucius, Socrate, Platon, Moïse, Christ, Augustin, Mahomet, Thomas, Thérèse, Jeanne d'Arc, etc.

Et, parlant du calendrier, inévitable guide du comput de tous les rites, une autorité assez haute et assez écoutée ne pourrait-elle se lever pour réformer enfin conformément à la vérité astronomique, au sentiment du naturel, à la simple logique des mots, notre calendrier actuel qui commence l'année en désaccord avec le jour vrai du solstice d'hiver, avec le moment où le soleil remonte après avoir de plus en plus décliné à l'horizon et ouvre véritablement l'année nouvelle ?

La division immémoriale des douze mois solaires ne saurait être changée non plus que celle des semaines. Toutefois on devra en ramener la mesure le plus près possible de celle de la distribution des saisons et des jours de de l'année réelle; prendre les points de solstices et d'équinoxes pour commencement des quatre mois qui leur correspondent. Puis, si les noms planétaires des sept jours de la semaine peuvent être conservés tels quels, par respect pour la tradition, pourquoi n'en pas donner de moins arbitraires aux douze mois, surtout aux mois d'octobre, de novembre et de décembre, qui s'appliquent absurdement aux dixième, onzième et douzième mois de l'année?

Pour nous, nous aimerions à voir adopter simplement pour les mois les mêmes noms que ceux que portent, dès la plus haute antiquité, les signes du zodiaque qui les divisent astronomiquement, sauf trois ou quatre peut-être, qui pourraient être euphoniquement modifiés. Les noms du Bélier, du Taureau, des Gémeaux, du Lion, de la Vierge, etc, ne vaudraient-ils pas ceux de Jules César, d'Auguste, des trois derniers et surtout si peu à leur place ?

Les mois du calendrier républicain avaient été très euphoniquement et logiquement nommés. Malheureusement ils ont le tort de ne convenir qu'à notre climat et à notre seul hémisphère.

Les fêtes, nécessairement, car nous ne comprendrions pas qu'on renonçât aux fêtes immémoriales et d'origine sabéiste telles que Noël, renaissance de l'année, et Pâques, son apothéose, les fêtes viendraient alors à leur jour astronomique. Puis, au lieu de continuer de compter les signes en commençant par le Bélier, chose qui fut correcte il y a deux mille ans, comme deux autres mille ans auparavant c'était le Taureau qui ouvrait la marche, ainsi qu'en témoigne le beau moulage du Zodiaque de Denderah que l'on voit au Louvre, nous devrions à présent nommer d'abord le Capricorne ou le nom plus euphonique et plus court qu'on pourrait adopter. Les cultes anciens ne pouvaient rien immobiliser à cet égard, la précession des équinoxes ne cessant pas de rétrograder.

Pour répondre au besoin d'exaltation et de consolation religieuse qui fut et sera toujours une nécessité de l'âme et un soulagement aux peines humaines, pour réunir surtout, pour *relier* l'ensemble des esprits et des cœurs, — le mot religion ne signifie-t-il pas relier ? — il n'y a pas à faire violence aux instincts religieux traditionnels. Une religion n'est ni une science ardue ni une métaphysique rebutante. Elle prend le peuple par toutes ses attaches, elle est, répétons-nous, un élan, un sentiment. Il faut qu'elle reste accessible à tous, et c'est pourquoi il faut lui laisser ses voies accoutumées, et seulement les ouvrir plus avant encore.

Nous voyons donc, dans le nouvel avenir religieux, non une révolution destructrice, mais un développement évolutif, en même temps qu'un retour vers le vrai sentimental et scientifique, un avancement vers la perfection possible ; et nous continuerons de désirer le culte avec des temples, des autels, des fêtes, des prières, des prières surtout qui, seules, font l'intime communion entre l'âme humaine et l'Ame divine.

Nous ne la comprendrions pas davantage sans ses prêtres. Oui, ses prêtres, malgré les souvenirs souvent odieux qu'ont laissés derrière eux augures, hiérophantes et ministres indignes, mais comptant qu'un culte en progrès saura être servi et non dominé, trouvera des officiers du temple et du culte recrutés parmi des hommes de véritable vocation, de mœurs pures et d'amour divin pour unique passion. N'est-ce pas la plus noble inclination qu'il soit donné à un homme d'éprouver ? Est-il plus haute existence terrestre que celle qui se passe dans une communion constante de l'âme humaine et de l'Ame divine, qui a pour fonction d'ouvrir la marche de l'humanité vers ses destinées suprêmes, vers son Dieu ?

Enfin, peu importent les vœux que nous formulons en ce moment. Ils ne sont tous que pressentiment plus ou moins approché de ce qui devra être. Mieux que nous, le sentiment supérieur qui s'agite et se travaille à cette heure même dans le monde pensant et sentant saura, après avoir enfin pris pleine conscience de lui-même, inspirer la forme qui conviendra au renouveau religieux que nous sentons déjà sourdre de toute part.

POSTFACE

Ceux qui auront bien voulu prendre la peine de lire avec quelque attention ce court exposé de la doctrine dualiste, où je me suis moins attaché cette fois à exposer ma conviction qu'à formuler les raisons, les faits et l'impulsion naturelle qui l'avaient déterminée, seront, je l'espère, arrivés aux mêmes conclusions et au même sentiment que moi. Ils auront vu dans le dualisme des deux Principes primordiaux la plus évidente et la plus fondamentale des vérités universelles, aussi bien vérité scientifique que vérité religieuse.

Quant à cette religion dualiste, ou plutôt purement spirituelle qui s'appellera d'un nom encore inconnu, quand à cette foi rénovée que je pressens, je n'avais, seule chose en mon ressort, qu'à la proclamer et la démontrer froidement pour y préparer les intelligences et les âmes.

Mais une autre mission reste à remplir qui sera celle des voyants inspirés, des zélateurs et propagateurs enthousiastes, à la parole ardente et entraînante, doués pour l'apostolat et pour donner un corps et un nom moins abstraits, et plus dans le sentiment populaire, à ce culte nouveau que le monde attend.

Ma foi absolue ne me permet pas de douter de leur venue certaine et prochaine, et d'avance je suis avec eux.

FIN

TABLE DES MATIÈRES

———

DEUXIÈME PARTIE

————

15-3-7. — Tours, imp. E. Arrault, 6, rue de la Préfecture.

OUVRAGES DU MÊME AUTEUR

www.ingramcontent.com/pod-product-compliance
Lightning Source LLC
Chambersburg PA
CBHW060613100426

42744CB00008B/1402